222 NOVAS Receitas

Livros do autor publicados pela **L&PM** EDITORES

Coleção **L&PM** POCKET:
100 receitas com lata
100 receitas de aves e ovos
100 segredos de liquidificador
200 receitas inéditas
222 receitas
Anonymus Gourmet em Histórias de cama & mesa
Cardápios do Anonymus Gourmet
Comer bem, sem culpa (c/ Fernando Lucchese e Iotti)
Cozinha sem segredos
Dieta mediterrânea (c/ Fernando Lucchese)
Mais receitas do Anonymus Gourmet
Na mesa ninguém envelhece
Novas receitas do Anonymus Gourmet
Receitas da família
Receitas fáceis
Show de sabores
Voltaremos!

Livros convencionais:
233 receitas do Anonymus Gourmet
A boa mesa com sotaque italiano (com Iotti)
O brasileiro que ganhou o prêmio Nobel
Copos de cristal
Enciclopédia das mulheres
Meio século de Correio do Povo
Memórias do Anonymus Gourmet
Opinião x censura
Recuerdos do futuro
O Senador acaba de morrer

José Antonio Pinheiro Machado

Anonymus Gourmet

222 NOVAS Receitas

www.lpm.com.br

L&PM POCKET

Coleção **L&PM** POCKET, vol. 1302

Texto de acordo com a nova ortografia.

Primeira edição na Coleção **L&PM** POCKET: outubro de 2018

Capa e foto do autor: Ivan Pinheiro Machado
Preparação: Mariana Donner da Costa
Revisão: Lia Cremonese

CIP-Brasil. Catalogação na publicação
Sindicato Nacional dos Editores de Livros, RJ

M131d

Pinheiro Machado, José Antonio, 1949-
    222 receitas / José Antonio Pinheiro Machado. – 1. ed. – Porto Alegre [RS]: L&PM, 2018.
    240 p. ; 18 cm.

ISBN 978-85-254-3811-9

1. Culinária - Receitas. I. Título.

18-53038	CDD: 641.5
	CDU: 641.5

Vanessa Mafra Xavier Salgado - Bibliotecária - CRB-7/6644

© José Antonio Pinheiro Machado, 2018

Todos os direitos desta edição reservados a L&PM Editores
Rua Comendador Coruja, 314, loja 9 – Floresta – 90.220-180
Porto Alegre – RS – Brasil / Fone: 51.3225.5777

PEDIDOS & DEPTO. COMERCIAL: vendas@lpm.com.br
FALE CONOSCO: info@lpm.com.br
www.lpm.com.br

Impresso no Brasil
Primavera de 2018

Sumário

Faça o simples! – *Anonymus Gourmet* 7

Carnes..11
Aves...41
Peixes e frutos do mar..59
Arroz...73
Massas...87
Caldos e sopas 103
Pães, cucas e bolos..111
Sobremesas...155
Diversos..195

Índice..231

Faça o simples!

Anonymus Gourmet

O livro *222 receitas* do Anonymus Gourmet é o resultado de um esforço coletivo em busca de receitas simples, fáceis, mas dotadas de sabor e charme, capazes de encantar na famosa "hora do sacrifício", como chamo aquele momento sublime em que nos reunimos à mesa para degustar.

O time do Anonymus Gourmet, como se sabe, brilha com a presença das supercozinheiras, doceiras, parceiras, conselheiras Márcia Lutz (a dra. Márcia da TV) e Linda Lutz (a dra. Linda da TV). E também, é claro, do Alarico, um "veterano" de quinze anos, que desde sempre esteve conosco na bancada da TV – "desde a barriga da minha mãe", diz ele, com razão e orgulho: Márcia atuou firme à beira do fogão até começarem as dores e alegrias do parto... A equipe funciona no padrão século XXI: todos fazem de tudo, salgados e doces; entradas e finalizações; aperitivos e sobremesas, galinhadas e churrascos, empadas e macarronadas, sopas e suflês, bolos de aniversário e tortas de casamento. Mas não há ser humano que resista às suas parcialidades: a Márcia é imbatível com ideias de tortas e bolos deslumbrantes, a Linda explora o mundo encantado dos doces, pecaminosas e incontornáveis delícias. O Alarico e eu atacamos o cardápio completo – e estamos sempre prontos para a "hora do sacrifício".

A inspiração de todos nós, da equipe do Anonymus Gourmet, é MFK Fisher, uma dona de casa norte-americana do século passado que passou a vida cozinhando – e escrevendo sobre comida. Mary Frances Kennedy assinava assim, MFK, para disfarçar sua condição de mulher, quando só grandes chefs homens, na Europa e nos Estados Unidos, escreviam sobre comida. Ela se consagrou fazendo da precariedade um menu diário durante a escassez da Segunda Guerra Mundial, em Londres. Enfrentando longas filas com um cartão de racionamento, MFK descobriu que a boa mesa não é feita de exageros e desperdícios: "A manteiga, os temperos, as carnes, os ovos, os vegetais, são bens preciosos". E fez da escassez a motivação para criar receitas irresistíveis.

Curnonsky foi outro mestre da cozinha criativa. Em 1927, uma revista de Paris promoveu uma enquete para escolher o "Príncipe dos Cozinheiros Franceses". O escolhido, por larga margem de votos, foi um jornalista e cozinheiro, gordo e sorridente, o primeiro a escrever sobre a comida e as boas mesas francesas: Maurice Edmond Sailland, que se tornou célebre com o pseudônimo de Curnonsky. Ele escreveu um livro – *Cozinha e vinhos da França* – que até hoje, quase um século depois, encanta e ilumina cozinhas do mundo inteiro, inclusive, modestamente, a cozinha do Anonymus Gourmet. Consagrou-se com receitas que mais parecem pequenas sinfonias, reunindo simplicidade, harmonia e surpresas amáveis. O que dizer da clássica salada Vigneronne? O nome pode parecer complicado, mas seus três ingredientes estão em qualquer quitanda brasileira: beterraba, chicória e bacon. "Faça o simples" é a frase síntese das 730 páginas de seu livro extraordinário. Foi "fazendo o simples" que Curnonsky conquistou um posto único na história da gastronomia: príncipe eleito pelo voto livre e direto.

MFK, Curnonsky e tantos outros homens e mulheres que fazem da cozinha uma celebração dos sabores e da simplicidade inspiram e iluminam o trabalho do nosso time.

CARNES

COSTELA NO ENVELOPE

1 costela bovina, 1 envelope pardo de escritório, 1 grampeador, sal grosso, azeite

Salgue a costela com o sal grosso, cobrindo-a completamente.

Coloque-a dentro do envelope e feche bem com o grampeador.

Com o azeite, unte o envelope por fora, de forma que toda a superfície externa fique totalmente untada.

Coloque em uma forma e leve ao forno preaquecido a 200 graus, por aproximadamente 2 horas.

Na finalização, retire do envelope com cuidado.

FIOS DE CARNE COM TALHARIM

500 g de talharim, 1 kg de lagarto (tatu), ½ xícara de molho de soja, 3 colheres de farinha de trigo, 2 copos de suco de laranja, suco de 1 limão, 1 cebola média picada, 4 tomates bem picados, 2 colheres de sopa de extrato de tomate, sal e pimenta-do-reino a gosto, 1 dente de alho picado bem fininho, 2 colheres de sopa de manteiga, 3 colheres de sopa de azeite de oliva

A primeira providência é temperar bem um belo pedaço de lagarto (ou "tatu", como se diz no Rio Grande) com limão, pimenta e sal.

A seguir, passe essa carne na farinha, como se fosse empaná-la.

Numa panela ampla, bem quente, derreta um pouco de manteiga com um fio de azeite de oliva e dê uma boa fritada no tatu já enfarinhado, deixando-o dourado por igual.

Acrescente a cebola e o alho, até amaciá-los.

A seguir, vá agregando os demais ingredientes: o molho de soja, os tomates picados, o extrato de tomate e o suco de laranja.

Deixe ferver. Logo depois baixe o fogo para cozinhar por bem mais de uma hora: o tempo suficiente para amolecer e desmanchar o tatu, que é muito fibroso e vai se desfazer em fios de carne.

Se você quiser, pode cozinhá-lo numa panela de pressão para apressar o processo. Mas numa panela de ferro bem fechada, em 2 horas de cozimento, com calma, também vai.

Quando estiver bem macio, retire-o da panela e, com um garfo, você pode ajudar na separação dos fios, que são as fibras da carne. A carne precisa ficar completamente desfiada, as fibras bem separadas. Se o molho reduzir muito, acrescente água, pois é essencial ter bastante molho para a etapa final.

Volte com a carne já desfiada para a panela com o molho, acerte o sal e acrescente o talharim para cozinhar no molho. Os fios do talharim vão se misturar com os fios de carne, num belo efeito. O talharim cozido no molho ficará muito mais saboroso.

Porquinho francês

1 pernil de porco, 1 xícara de molho de soja, suco de 1 limão, sal a gosto, pimenta-do-reino a gosto, 3 colheres de sopa de mostarda, 1 copo de suco de laranja, 1 taça de vinho branco

Em uma gamela, tempere o pernil com suco de limão e polvilhe pimenta-do-reino e sal.

Em seguida, acrescente o vinho e o suco de laranja sobre o pernil. Depois coloque o pernil em uma forma e lambuze bem com o molho de soja e, a seguir, espalhe a mostarda por cima.

Depois de bem temperado, coloque o pernil numa forma para assar e vá regando com o molho, enquanto for assando. Cubra com papel alumínio e leve ao forno preaquecido entre 180 e 200 graus por aproximadamente 1 hora e meia.

Dica: Quando completar 1 hora de forno, você pode retirar a forma e pincelar melado nos dois lados do pernil. Leve novamente ao forno por mais 15 minutos, sem o papel alumínio, e deixe dourar!

Bifão italiano

½ kg de carne moída, sal e pimenta a gosto, 2 colheres de molho shoyu, orégano, ½ dente de alho picado, 1 cebola pequena picada, 2 colheres de farinha de trigo, 1 ovo, presunto em fatias, queijo em fatias, molho de tomate

Misture os ingredientes – com exceção do presunto, do queijo e do molho de tomate – até que a massa fique homogênea.

Acomode a massa no fundo de uma frigideira que possa ir ao forno.

Coloque no forno por 20 minutos a 180/200 graus.

Cubra com o presunto, o queijo e o molho de tomate. Leve novamente ao forno, por aproximadamente 15 minutos, até que o queijo derreta e o molho borbulhe.

MOLHO DE TOMATE:
4 tomates, 1 cebola, ½ litro de água, sal, 1 colher de chá de açúcar, pimenta, 1 colher de sopa de farinha de trigo

Bata no liquidificador e deixe ferver.

COSTELINHA AMERICANA

1 costela suína (aproximadamente 2 kg)
Para temperar a costela:
½ limão, 1 dente de alho picado, 1 cebola picada, ½ xícara de bacon picado, 1 cálice de vinho tinto, 1 colher de sopa de melado, 2 colheres de sopa de shoyu, 2 colheres de sopa de molho inglês, 1 copo de água

Leve ao fogo uma panela ou frigideira e acrescente o bacon.

Quando começar a derreter, agregue o alho, a cebola e os demais ingredientes.

Quando abrir a fervura, baixe o fogo e deixe cozinhar por alguns minutos.

MOLHO BARBECUE OU AMERICANO:
4 colheres de sopa de melado, ½ xícara de molho inglês, ½ xícara de catchup, ½ xícara de shoyu, ½ xícara de molho de tomate, 2 colheres de sopa de mostarda, 1 colher de sopa de açúcar, 1 dente de alho

Leve esses ingredientes ao fogo médio, em uma panela, misturando bem.

Mexa até engrossar. A ideia é cobrir a costelinha com o molho ao servir, dando um toque especial.

PORQUINHO COROADO

400 g de carne de porco sem osso, 2 copos de vinho tinto, 2 xícaras de suco de laranja, 3 tomates picados, 1 cebola picada, 1 colher de sopa de farinha de trigo, 100 g de bacon em fatias, 100 g de queijo mozzarella fatiado, queijo parmesão ralado, pimenta-do-reino moída, sal

Em uma panela aquecida, frite bem a carne dourando-a uniformemente. Depois de dourada a carne, acrescente a cebola para fritar.

Adicione a seguir os tomates, a pimenta-do-reino, o sal, o suco de laranja e o vinho, com uma colher de sopa de farinha. Tampe a panela e deixe cozinhar. A carne vai ficar macia e o molho, espesso.

Quando a carne estiver pronta, retire-a da panela, reservando o molho. Corte a carne em fendas transversais, sem separar as fatias. Em cada fenda, coloque uma fatia de queijo mozzarella e uma de bacon.

Arrume numa assadeira, coloque uma colher de molho e o queijo parmesão por cima e leve ao forno até derreter um pouco o queijo e o bacon.

Almôndegas do Alarico

600 g de carne moída, 1 ovo, 1 dente de alho picado, 1 colher de chá de sal, ½ colher de chá de canela, raspas de 1 limão, 3 colheres de sopa de queijo parmesão, 1 e ½ colher de sopa de farinha de trigo, pimenta a gosto, óleo

Coloque a carne moída em um prato ou bacia. Acrescente o ovo inteiro para dar liga à carne e, logo em seguida, o alho, o sal, a canela e a pimenta: misture tudo e, em seguida, agregue as raspas da casca do limão, o queijo e a farinha de trigo.

A seguir, modele as almôndegas em bolinhas pequenas.

Dê uma leve fritada em todas elas em uma caçarola, apenas com óleo. Reserve.

Para o molho:
1 cebola picada, 2 copos de molho de tomate, sal a gosto, manjericão fresco

Comece refogando a cebola. Acrescente o molho de tomate (para fazer o molho de tomate basta ferver em fogo baixo 4 ou 5 tomates médios, cortados em quatro, em uma panela com um pouquinho de água, até que vire molho).

Acrescente o sal a gosto.

Assim que o molho estiver borbulhando, acrescente as almôndegas e deixe ferver por uns 20 minutos. Está pronto.

Para servir, acrescente folhas de manjericão ao molho.

Vazio cheio

2 kg de vazio, sal, 1 cebola picada, fatias de bacon, fatias de queijo, folhas de espinafre, azeite, sal

O primeiro passo é bater bem a carne, para deixá-la mais macia e fácil de enrolar. Depois tempere com sal os dois lados da carne.

Espalhe a cebola picada. Por cima coloque um pouco de azeite.

Cubra a cebola com fatias de bacon.

Em seguida coloque as folhas de espinafre e, por último, as fatias de queijo.

Deixe as pontas do vazio sem recheio e comece a enrolar, apertando bem.

Coloque em uma forma e leve ao forno, em média 40 minutos.

Pernil folhado

1 kg de pernil, 2 colheres de sopa de mostarda, suco de 2 limões, pimenta-do-reino em pó, ½ xícara de shoyu, 2 colheres de sopa bem cheias de melado, ½ cálice de vinho tinto, 300 g de massa folhada, 1 ovo para pincelar

Tempere o pernil com o suco de limão, depois a mostarda, o shoyu, o vinho e a pimenta em pó.

Leve para a panela para cozinhar, em média 40 minutos. Durante esse tempo e quase quando estiver finalizando, pincele o melado dos dois lados do pernil para dar uma cor caramelada. Retire da panela e coloque para escorrer o molho. Deixe o molho reservado para servir o pernil.

Após escorrer, enrole o pernil na massa folhada e pincele com ovo batido. Na sequência leve ao forno, com uma temperatura de 180 graus, por 30 minutos. Retire do forno. Para servir, fatie o folhado e regue o pernil com o molho.

Saltimbocca à la romana

1 kg de vitela em fatias, sálvia fresca, 100 g de presunto cru (tipo Parma), 50 g de manteiga, sal e pimenta a gosto, 100 g de farinha de trigo, ½ litro de vinho branco seco

Amacie as fatias de vitela com um batedor e em seguida coloque uma folha de sálvia sobre cada uma, cubra com uma fatia de presunto cru e prenda-as com um palito.

Passe os escalopes na farinha de trigo. Numa frigideira bem quente, derreta a manteiga e frite-os bem. Salgue e apimente a gosto. Acrescente o vinho aos poucos e deixe no fogo até que o molho comece a engrossar. Sirva com purê de batatas ou ervilhas na manteiga.

STEAK AU POIVRE

1 kg de filé mignon cortado em bifes grossos, 1 xícara de pimenta-do-reino em grãos, 1 colher de sopa de manteiga, 2 colheres de azeite de oliva, 2 doses de conhaque, 1 xícara de nata

Espalhe os grãos de pimenta sobre uma tábua e triture-os usando um rolo de massa. Unte os bifes com azeite de oliva e coloque-os, um a um, sobre a pimenta triturada, pressionando ligeiramente, para que a pimenta possa aderir à carne, cobrindo-a inteiramente.

Numa frigideira bem quente, coloque metade da manteiga e um pouco de azeite de oliva. Frite os bifes, dourando dos dois lados, virando-os cuidadosamente com o auxílio de uma espátula larga ou escumadeira.

Coloque os bifes numa travessa e tempere-os com sal a gosto. Enquanto isso, rapidamente, enquanto os bifes não esfriam, cuide do molho. Na frigideira utilizada para fritar os bifes, que estará ainda com a gordura quente e com a pimenta no fundo, acrescente o restante da manteiga e do azeite, 1 dose de conhaque e misture bem, procurando soltar a pimenta e o molho grudados no fundo.

Flambe esta mistura inclinando a frigideira cuidadosamente na direção da chama do fogão até que o conhaque se inflame – ou simplesmente use um fósforo aceso. Quando a chama do flambado se apagar, acrescente a nata, o restante do conhaque e engrosse o molho no fogo brando, mexendo sempre. Derrame o molho sobre os bifes e sirva em seguida.

COSTELINHA DE PORCO DA VIRADA

costela de porco, sal a gosto, pimenta a gosto, molho shoyu, suco de limão, açúcar mascavo, óleo, alecrim, alho

Corte a costela de porco em módulos (cada osso), procurando deixar todos os pedaços com o mesmo tamanho. Coloque em um recipiente que comporte toda a costela para temperar. Tempere com sal e pimenta. Coloque o molho shoyu e o limão (a gosto).

Agregue a costela para fazer o tempero fixar na carne.

Adicione 2 ou 3 colheres de chá de açúcar mascavo. Coloque um pouco de óleo ou azeite de oliva. Espalhe o alecrim picado em cima da carne. Misture tudo para o tempero penetrar na carne. Pique um dente de alho e coloque sobre a carne. Mexa tudo outra vez.

Coloque em uma assadeira e ordene as costelinhas dentro da forma.

Coloque dentro da forma a sobra do molho que ficou no recipiente, espalhando sobre a carne. Cubra com papel alumínio e leve ao forno por 60 minutos. Depois tire o papel até dourar.

Churrasco de apartamento

salsichão, carne bovina, pimentão verde e vermelho, cebola, sal, espetinhos (pode ser de madeira)

Comece cortando a carne em cubos, e na sequência os outros ingredientes. Para facilitar é bom cortá-los do mesmo tamanho, isso ajuda na hora de ir ao forno.

Depois salgue a carne, esse será o único ingrediente a ser temperado. Na hora de montar os espetinhos, a sugestão é começar com um pedaço de salsichão, depois vem a cebola, a carne, o pimentão, e assim vá alternando os ingredientes.

Depois de prontos os espetinhos, eles devem ser colocados em uma forma. Leve ao forno, em uma temperatura média de 230 graus durante 20 minutos, depois vire os espetinhos e deixe no forno mais 15 minutos. Logo após estará pronto!

Acompanhamento: Pão com alho

pão baguete ou francês, alho bem picado, tomate picado, maionese, salsinha picada, queijo ralado, manteiga, orégano

Em um recipiente, coloque a maionese, depois o tomate picado e na sequência os demais ingredientes. Misture tudo até virar um creme.

Corte os pães sem separar as fatias. Espalhe uma boa quantia da mistura em cada fatia e um pouco mais por cima. Leve ao forno médio por 10 minutos ou até dourar.

Depois disso está pronto o pão com alho, e é só apreciar com o churrasco de apartamento.

Torta de carne

700 g de carne moída, 2 cebolas picadas, 7 colheres de sopa de farinha de rosca, 1 colher de sopa de molho de soja, 3 ovos, 1 xícara de leite, 2 colheres de sopa de farinha de trigo, 2 cenouras, 4 colheres de sopa de pimentão, 1 xícara de salsinha verde, 2 espigas de milho (ou 1 lata de milho em conserva, sem água), óleo, pimenta moída, sal

Comece pela massa de carne. Bata rapidamente um dos ovos. Misture-o com a carne moída. Junte metade da cebola previamente picada, o molho de soja, a farinha de rosca e uma pitada de sal. Mexa com as mãos até formar uma massa uniforme, consistente e homogênea.

Unte com óleo uma forma com fundo removível. Espalhe a massa no fundo da forma e suba um pouco nas laterais, formando a base da torta.

Agora vamos ao recheio. Em uma panela, coloque uma colher de óleo e refogue a outra metade da cebola bem picada. Acrescente a cenoura cortada em cubinhos pequenos, o pimentão picadinho e o milho. Refogue por alguns minutos e está pronto. Desligue o fogo e arrume o refogado dentro da forma forrada com a massa de carne.

Para terminar, bata os dois ovos restantes até dobrar de volume. Junte o leite e a farinha de trigo. Bata novamente e tempere com sal. Despeje a mistura sobre o recheio e polvilhe com um pouco de pimenta moída.

Leve ao forno preaquecido por 40 minutos. Ao desenformar, enfeite com a salsinha verde picada. Sirva em seguida.

Costela ao molho de laranja

2 kg de costela magra, 1 cebola grande em pedaços, 2 tomates pequenos em pedaços, 2 cenouras pequenas em pedaços, 1 cálice de vinho branco, 250 ml de suco de laranja, 100 g de bacon bem picadinho, 1 colher de sopa de manteiga, 1 xícara de cafezinho de shoyu, 1 colher sopa bem cheia de farinha de trigo, 1 pitada de sal, 1 pitada de pimenta-do-reino, óleo

Corte a costela entre os ossos e coloque em um prato para temperá-la com o shoyu e com o vinho. Reserve.

Em seguida, em uma panela já no fogo, frite o bacon com um pouco de óleo e manteiga. Adicione a costela cortada em pedaços e deixe selar em todos os lados, virando os pedaços.

Enquanto isso, bata no liquidificador a cebola, as cenouras, os tomates, a pimenta, o sal, a farinha com suco de laranja, formando a base do molho. Acrescente esse molho à panela onde os pedaços de costela já estão refogados. Misture bem.

Quando o molho iniciar a fervura baixe o fogo e deixe cozinhar aproximadamente por 90 a 120 minutos, até a costela ficar macia e o molho bem homogêneo. Hora do sacrifício.

Para acompanhar, fica a sugestão de aipim manteiga ou até mesmo arroz branco.

Vitela ao forno

2 kg de carne de vitela

Para temperar:
4 colheres de sopa de pimentão vermelho picadinho, 2 colheres de sopa de alho picado, 1 colher de sal grosso, 1 xícara de óleo, ½ litro de vinho branco, 1 cebola grande cortada em anéis, 1 cenoura grande cortada em lâminas, folhas de manjerona, folhas de louro

Misture os cinco primeiros ingredientes da lista e envolva a carne nesse molho.

Depois, coloque a carne já temperada em uma assadeira.

Espalhe a cebola em rodelas na parte de cima da carne, as folhas de manjerona rasgadas, as folhas de louro e finalmente as lascas de cenoura.

Leve ao forno a 200 graus para assar por 1 hora e meia.

Sirva com arroz branco ou purê de batata-inglesa.

Porquinho sem pressa

500 g de pernil, 500 g de linguiça colonial, suco de ½ de limão, 1 colher de sopa de shoyu, 1 colher de chá de alho, 1 colher de sobremesa de orégano, 1 colher de sobremesa de mel, 1 xícara de cafezinho de vinho branco, 1 pitada de sal, 1 pitada de pimenta-do-reino, óleo, manteiga, 1 colher de chá de açúcar, 1 colher sobremesa de mostarda, 2 cenouras médias cortadas, 2 cebolas grandes cortadas em quatro partes

Unte a carne com óleo, pois assim os demais ingredientes vão se agregar mais facilmente. Tempere a carne com o limão, a mostarda, o alho, o shoyu, o mel, o orégano, o sal e por último a pimenta. Adicione o vinho. Se quiser, você pode deixar a carne marinando uns 30 minutos nesse molho.

Na frigideira, coloque óleo, manteiga e uma colher de chá de açúcar. Misture e deixe derreter. Quando pegar cor coloque a carne e a linguiça. Cozinhe virando de um lado e de outro. Reserve o caldo.

Adicione a cenoura, a cebola e deixe cozinhar por aproximadamente 15 minutos.

Churrasco na pressão com carvão

8 salsichões, 1 pedaço de costela, 1 pedaço de maminha, 3 batatas-inglesas (pode ser com casca), sal grosso, shoyu, carvão, orégano, azeite

Tempere a carne com sal grosso e shoyu. Em seguida, forre o fundo da panela de pressão com papel alumínio (coloque duas folhas, de forma que o papel fique duplo), mas deixe com sobras. Depois coloque o carvão e feche o pacote.

No contorno dentro da panela acomode o salsichão, no centro da panela acomode o pedaço de costela e a maminha. Por último, coloque as batatas cortadas em cubos temperadas com azeite e orégano, espetadas em um palito de madeira.

Feche a panela, ligue o fogo alto até pegar a pressão. Depois baixe o fogo e deixe na pressão durante 1 hora e meia. Depois disso, tire a pressão, e está pronto!

Costela campeira

2 colheres de sopa de óleo, 1 kg de costela bovina magra, 1 cebola picada, 3 dentes de alho, farinha de trigo para polvilhar, tempero para carne, 2 espigas de milho verde, 4 batatas-doces picadas, 1 colher de sopa de cheiro-verde, 1 e ½ litro de água

Comece cortando a carne em pedaços e tempere a gosto. Na sequência, polvilhe a farinha de trigo na carne. Depois, refogue a cebola e o alho no óleo. Coloque também a costela para refogar na panela de pressão.

Adicione a água e os pedaços de milho verde. Feche a panela e espere 40 minutos após pegar a pressão.

Passado o tempo, abra a panela e coloque as batatas-doces em pedaços, e ferva mais 20 minutos. Na hora de servir, polvilhe cheiro-verde sobre a costela. E está pronta a receita.

Charque campeiro

3 colheres de sopa de óleo, 5 dentes de alho picados, 1 cebola grande picada, 1 tablete de caldo de carne, 300 g de charque dessalgado e desfiado, 1 pimentão vermelho médio picado, 1 pimentão amarelo pequeno picado, 5 colheres de sopa de maionese, salsinha e cebolinha a gosto

Em uma panela, leve o alho e a cebola para dourar no óleo. Acrescente a carne de charque, o caldo de carne e refogue. Adicione os pimentões e, em fogo médio, refogue por 10 minutos. Ao final, acrescente a maionese. Misture bem até que fique totalmente absorvida.

Desligue o fogo, junte a salsinha e a cebolinha. Sugestão de acompanhamento: sirva com purê cremoso de abóbora e mandioca frita.

Porquinho à parmegiana

1 lombinho de porco, 2 xícaras de farinha de trigo, 2 ovos, 2 xícaras de farinha de rosca, 1 copo de molho de tomate pronto, fatias de queijo, sal, pimenta-do-reino

Corte o lombinho de porco em bifes. Tempere os bifes com sal e pimenta. Bata levemente os ovos.

Passe os bifes na farinha de trigo, depois passe nos ovos batidos e, por último, na farinha de rosca.

Em seguida, disponha-os numa forma untada e leve ao forno preaquecido até que fiquem dourados (cerca de 40 minutos, dependendo do seu forno).

Enquanto isso, em uma panela, aqueça o molho de tomate pronto.

Quando os bifes estiverem no ponto, retire-os do forno, cubra cada um com fatias de queijo e adicione o molho de tomate bem quente.

Sirva-os em seguida acompanhados por arroz branco.

Dica I: Nesta e em outras receitas, é difícil prever o tempo de forno exato, que depende de regulagem do equipamento, intensidade de calor etc. Por isso, o tempo é aproximado. A jornalista gaúcha Tânia Carvalho tem uma frase definitiva a propósito: "Forno é como marido. Cada uma sabe o que tem".

Dica II: Nesta receita, os bifes também podem ser feitos com pernil de porco. Em qualquer caso, bem finos e batidos com o batedor de carne.

Carne francesa

1 kg de carne bovina picada, 300 g de champignon em conserva, 1 xícara de caldo de carne, 1 colher de sopa de manteiga, 2 colheres de sopa de azeite, 1 cebola média bem picada, 375 ml de vinho tinto, 100 g de bacon, 1 colher de sopa de farinha de trigo, 100 g de cebolinha cristal, 1 cenoura picada

Em uma panela ao fogo, coloque a manteiga e o azeite. Acrescente o bacon previamente picado. Quando o bacon estiver frito, adicione a carne, já passada na farinha de trigo.

Quando a carne começar a dourar, acrescente o caldo dela, o vinho tinto, a cebolinha cristal, a cenoura e a cebola picada.

Deixe cozinhar em fogo baixo por meia hora aproximadamente, cuidando para que não seque o molho, que deverá ficar escuro e consistente.

Antes de desligar o fogo, acrescente o champignon. Misture com cuidado e sirva bem quente.

Pernil na cerveja

6 colheres de sopa de óleo, 1 peça de pernil (2 kg), 4 dentes de alho, 2 cebolas grandes picadas, 200 g de bacon picado, 4 tomates grandes, 1 lata de cerveja preta, ⅓ de xícara de azeitona, ½ xícara de shoyu, 1 lata de tomate pelado, sal e pimenta a gosto (sugestão: pimenta-branca)

Tempere o pernil com alho, sal e pimenta. Depois, na panela de pressão, sele o pernil no óleo com o bacon, e acrescente a cebola.

No liquidificador, bata os tomates pelados, o shoyu e o alho. Após isso, coloque a mistura dentro da panela de pressão, onde está o pernil. Adicione a cerveja preta e por último as azeitonas.

Tampe a panela e deixe cozinhar por 40 a 50 minutos após abrir pressão.

A sugestão é colocar em um refratário e enfeitar com folhas de alface e pedaços de tomate. Está pronto! Uma receita fácil, rápida e saborosa para as festas de fim de ano.

LOMBO DA VIRADA

500 g de lombo, 2 pimentões verdes, 2 ovos, 2 dentes de alho, 3 cebolas, sal, pimenta a gosto, pedaços de abacaxi, 3 xícaras de farinha de trigo, ¾ de xícara de açúcar, ½ xícara de vinagre, 3 colheres de sopa de shoyu, 1 e ½ colher de sopa de amido de milho, 1 xícara de água, 1 colher de sopa de extrato de tomate, 2 xícaras de óleo para fritar

Comece cortando o lombo em fatias de 1 cm. Depois corte as fatias em quadrados. Tempere com sal e pimenta.

Bata os ovos e passe o lombo nos ovos batidos e na farinha de trigo. Coloque o óleo para esquentar.

Em uma panela coloque o açúcar, o vinagre, o shoyu e o extrato de tomate. Dissolva o amido de milho na água, adicione ao molho e mexa até engrossar.

Finalize o lombo dourando na frigideira com o óleo. Depois escorra num prato com papel toalha.

Em outra panela coloque um pouco do óleo utilizado para fritar o lombo, adicione o pimentão, a cebola picada e o alho, refogue, e por último adicione o abacaxi. Mexa e acrescente o lombo.

Misture tudo e coloque em uma travessa, coloque o molho por cima e sirva.

ROCAMBOLE À CALIFÓRNIA

200 g de bacon picado, óleo, 1 e ½ kg de carne moída, 4 dentes de alho picados, 1 cebola picada, sal a gosto, pimenta a gosto, 3 ovos, figo em calda, pêssego em calda, abacaxi em calda, cereja em calda, uvas-passas pretas

Em uma frigideira, coloque o óleo e frite o bacon. Deixe o bacon, já frito, em uma travessa com papel toalha para absorver o excesso de óleo.

Em um recipiente já com a carne moída, coloque a pimenta, os ovos, a cebola, o alho e finalize com o sal. Misture para temperar bem a carne, pode usar as mãos.

Na bancada, estique um pedaço de filme plástico e acomode a carne formando um retângulo. Coloque o bacon, o pêssego, o figo, a cereja, o abacaxi, todos picados, e por último as uvas-passas. Enrole e vá formando o rocambole, usando o filme plástico para enrolar a carne com firmeza. Cuidado para o filme plástico não enrolar com a carne. Logo que formar o rocambole, retire o plástico.

Coloque óleo em uma forma e acomode o rocambole.

Leve ao forno a 180 graus por mais ou menos 50 minutos, regando com a calda das frutas e observando se já está assado.

MATAMBRE NA PRESSÃO

1 kg de matambre, 2 cebolas picadas, 2 tomates picados, 1 pimentão verde picado, sal a gosto, pimenta-do-reino a gosto, cheiro-verde picado, orégano a gosto, 2 dentes de alho picados, 2 xícaras de vinho branco, 1 colher de sopa de amido de milho, 1 xícara de cafezinho de shoyu, óleo, 1 colher de sopa de açúcar

Limpe o matambre e tempere-o com sal, alho, pimenta-do-reino, orégano, tomate, cebola, pimentão, cheiro-verde e vinho. Deixe nesse tempero por uma hora.

Coloque o óleo para esquentar e, quando estiver bem quente, coloque uma colher de sopa de açúcar e, em seguida, o matambre, sem o tempero (reserve o tempero), deixando dourar de um lado e do outro.

Depois, em uma panela de pressão, coloque o matambre já selado, adicione o shoyu, o tempero reservado e água suficiente para desenvolver o molho. Deixe cozinhar durante uma hora na panela de pressão.

Passada uma hora, retire o molho da panela de pressão e passe para o liquidificador, coloque 1 colher de sopa de amido de milho e liquidifique, voltando com o molho para a panela.

Deixe ferver um pouco, e estará pronto. Vai ficar uma carne com molho saboroso e perfumado. Sirva com arroz branco.

Porquinho de Paris

1 lombinho de porco ou picanha, 1 copo de suco de laranja, 1 lata ou long neck de cerveja preta, 1 pacote de creme de cebola, açúcar, óleo

Comece cortando o porquinho em cubos. Na panela coloque um pouco de açúcar e óleo. Coloque o porquinho e frite bem de todos os lados até que fiquem dourados e cozidos. O açúcar vai deixá-lo bem dourado.

Dissolva o creme de cebola com a cerveja preta e o suco de laranja. Acrescente à panela. Misture bem. Quando abrir a fervura, baixe o fogo e deixe cozinhar por uma hora, mais ou menos. Se for preciso, vá acrescentando água, suco ou cerveja.

Picadinho do rei

azeite de oliva, 1 peito de frango desfiado, 2 tomates em cubos, 1 colher de sopa de extrato de tomate, sal a gosto, pimenta-preta a gosto, 1 caixinha de creme de leite, 2 latas de milho verde (sem a água), 2 xícaras de leite, 1 colher de sopa de manteiga, ½ cebola picada, 3 colheres de sopa de farinha de trigo, salsa a gosto, queijo parmesão a gosto

Em uma frigideira, coloque o azeite de oliva para refogar o frango desfiado, junte a cebola, o tomate e vá refogando.

Acrescente o extrato de tomate e tempere com sal e pimenta. Desligue o fogo.

Adicione o creme de leite e coloque em um refratário.

No liquidificador, coloque o milho com o leite e com a farinha de trigo. Bata até formar um creme.

Em uma panela, coloque a manteiga e doure a cebola, junte a mistura com milho, tempere com sal e acrescente a salsa picada. Misture até ficar cremoso.

Disponha sobre o frango, cubra com o queijo parmesão e leve ao forno preaquecido a 180 graus por aproximadamente 15 minutos.

Porquinho desossado

1 kg de costela de porco, sal a gosto, pimenta-do-reino a gosto, 150 g de bacon cortado em cubos, 2 cebolas cortadas em tiras, 2 colheres de sopa de extrato de tomate, 2 latas de cerveja preta (700ml), 1 ramo de alecrim, minibatatas-inglesas a gosto

Tempere a costela de porco com sal, pimenta e alecrim.

Em uma frigideira bem quente, doure os dois lados da costela. Reserve.

Na mesma panela, frite o bacon, a cebola e adicione o extrato de tomate e a cerveja preta. Disponha a costela de porco nesse molho e deixe cozinhar com a panela tampada por 30 minutos. Depois, coloque a costela de porco em uma forma com o molho por cima.

Acrescente as minibatatas-inglesas na forma para assarem no molho, para acompanhar o prato principal. Cubra a forma com papel alumínio e leve ao forno a 180 graus por 2 horas, virando a costela na metade do tempo, ou mais vezes, para que o molho possa ser absorvido pela carne.

Sirva a costela com o molho por cima. Ela estará macia e o molho, bem espesso.

Ossobuco primavera

óleo, 3 ossobucos, sal a gosto, pimenta-do-reino a gosto, 1 cenoura picada, 1 cebola picada, 2 dentes de alho pica-

dos, 1 talo de salsão picado, 1 folha de louro, 4 colheres de sopa de extrato de tomate, 1 xícara de vinho tinto seco, 4 xícaras de caldo de carne, tomilho a gosto

Em um recipiente, tempere o ossobuco com sal, tomilho e pimenta-do-reino.

Em uma panela bem quente, adicione o óleo e sele os ossobucos dos dois lados.

Acrescente a cebola, o alho, a cenoura, o salsão e o louro e refogue bem.

Em seguida, adicione o extrato de tomate, o vinho tinto e o caldo de carne.

Tampe e deixe cozinhar por 1 hora (se necessário adicione mais água).

Sirva com arroz branco e salada.

Lombo ao molho de ameixas

1 kg de lombo, 1 xícara de ameixas sem caroço, 100 g de manteiga, 1 dose de conhaque, 300 ml de suco de ameixa (o caldo das ameixas cozidas), 1 colher de sopa de extrato de tomate, 1 cebola picada, 2 tomates médios picados, 4 dentes de alho picados, suco de 2 limões, pimenta-do-reino a gosto, sal a gosto, azeite de oliva

Em um recipiente, coloque o lombo, esprema os dois limões, coloque o alho, a pimenta-do-reino e o sal. Regue com o suco da ameixa fervida.

Em uma frigideira, coloque a manteiga e sele o lombo.

Em outra frigideira, coloque o azeite de oliva, a cebola, o tomate, o extrato de tomate, as ameixas sem caroço (aquelas fervidas para fazer o suco que você regou o lombo) e o conhaque. Deixar refogar.

Coloque o lombo em uma forma, espalhe o molho sobre o lombo, leve ao forno por 40 minutos em temperatura de 180 a 200 graus. Se precisar, regue o lombo com água para não secar.

Carne com vinho na panela

1 kg de carne, 1 taça de vinho branco, 1 cenoura em cubos ou em rodelas, 1 alho-poró, 1 lata de tomate sem pele, ½ cebola picada, 1 bouquet garni (um ramo com salsinha, louro, alecrim e tomilho), óleo, 1 colher de sopa de manteiga, 2 dentes de alho picados, sal e pimenta a gosto, 1 xícara de farinha de trigo

Comece cortando a carne em cubos grandes e reserve. Em um recipiente, coloque a farinha de trigo. Envolva os cubos de carne na farinha antes de colocar na panela.

Em uma panela, aqueça o óleo e adicione a manteiga, coloque a carne para fritar. Tempere com sal e pimenta a gosto. Acrescente a cebola, a cenoura, o alho e o alho-poró. Adicione o vinho branco e deixe evaporar o álcool para que fique apenas o sabor. Coloque o tomate sem a pele e adicione o bouquet garni. Deixe cozinhar por mais ou menos 2 horas ou até a carne ficar macia. Sirva com arroz branco.

Vaca atolada

1 e ½ kg de costela bovina, 700 g de aipim, 2 cebolas médias, 2 dentes de alho, 2 tomates grandes, 3 colheres de sopa de farinha de trigo, ½ xícara (cafezinho) de vinagre, água fervente, 2 colheres de sopa de óleo, salsinha fresca a gosto, sal a gosto, pimenta-do-reino a gosto

Corte as costelas em módulos, tempere com sal e pimenta-do-reino. Salpique a farinha de trigo e misture.

Leve uma panela de pressão com o óleo ao fogo médio. Quando aquecer, doure as costelas, em etapas, por cerca de 2 minutos de cada lado. Transfira para um recipiente.

Corte as cebolas em fatias finas, pique os dentes de alho, corte os tomates em cubos e reserve.

Na mesma panela, baixe o fogo e refogue a cebola, mexendo bem. Coloque o alho, os tomates, o vinagre, e cozinhe por uns minutos.

Retorne as costelas à panela e regue com 1 xícara de água, de preferência fervente. Tampe a panela e, quando começar a apitar, conte 40 minutos.

Enquanto isso, corte o aipim em rodelas de cerca de 2 cm.

Desligue o fogo e, quando toda a pressão sair, abra a panela. Se quiser acelerar, coloque a panela sob água corrente fria (ou levante a válvula com um garfo).

Junte o aipim e complete com 3 xícaras de água. Deixe ferver por 30 minutos, mexendo de vez em quando para não queimar.

Quando o aipim estiver macio, está pronto. Na hora de servir, salpique a salsinha fresca.

Bife enrolado

4 bifes de alcatra, 1 cenouras grande pré-cozida, 1 cebola picada, 1 dente de alho, 4 fatias de bacon, 1 colher de sopa de extrato de tomate, 1 colher de sopa de manteiga, 1 folha pequena de louro, água, 1 colher de chá rasa de sal, pimenta-do-reino a gosto, 2 colheres de sopa de molho shoyu, ½ lata de tomate pelado, açúcar, óleo, palitos de dente

Bata os bifes com o auxílio de um batedor. Tempere os bifes com sal, pimenta-do-reino a gosto e o shoyu. Corte as cenouras em quatro partes.

Enrole os bifes com as fatias de bacon e a cenoura. Feche com palitos para os rolinhos não se abrirem.

Em uma frigideira, coloque óleo e açúcar, sele os bifes dos dois lados. Reserve.

Em outra frigideira, coloque a manteiga, o óleo, a cebola e o alho. Frite.

Quando a cebola estiver macia e douradinha, coloque os bifes, e por cima os tomates pelados, o extrato de tomate e o louro. Misture bem e deixe ferver.

Tampe a panela e deixe refogar, sem mexer por uns 5 minutos.

Quando necessário, acrescente água e deixe cozinhar bem, até os bifes ficarem dourados e a cenoura, macia.

AVES

Frango de gravata

100 g de bacon picado, 500 g de carne de frango cortada em cubos, 500 g de massa tipo gravatinha, 3 colheres de sopa de farinha de trigo, 1 cebola picada, 1 dente de alho esmagado, 1 tomate picado, 1 copo de suco de laranja, 1 copo de vinho tinto, sal e pimenta-do-reino a gosto, azeite de oliva, queijo para cobrir a massa, presunto para cobrir a massa, folhas de manjericão

Escolha uma frigideira ampla, com cabo de metal que possa ir ao forno, pois esse será o procedimento final desta receita.

Comece levando à frigideira o azeite.

Quando estiver quente, agregue o bacon e deixe derreter um pouco.

Acrescente os cubos de carne de frango levemente enfarinhados. Vire e mexa bem, para dourá-los. Então junte a cebola, o alho e o tomate e misture. A seguir adicione o suco de laranja e o vinho. Acerte o sal e acrescente a pimenta.

Quando abrir a fervura, baixe o fogo e deixe cozinhar um pouco. Dissolva uma colher de farinha numa xícara com água fria e acrescente ao molho, para deixá-lo levemente encorpado. Em seguida, coloque a massa tipo gravatinha no molho. Se a massa for fresca, as gravatinhas ficarão prontas rapidamente. Se for industrializada, observe o tempo indicado na embalagem.

Depois de as gravatinhas terem sido acrescentadas ao molho, e antes de ficarem completamente prontas, cubra a superfície com o presunto e o queijo e leve a frigideira ao forno pelo tempo necessário para gratinar.

A ideia é que vá "direto sem escalas" do forno para a mesa. Deve ser servido muito quente, na própria frigideira, decorada com folhas de manjericão.

Galinha escabelada

100 g de presunto, 100 g de bacon picado, 700 g de galinha sem osso (de preferência, peito), 1 copo de caldo de galinha, 2 cebolas bem picadas, 3 colheres de extrato de tomate, 2 tomates, 2 copos de requeijão, 300 g de queijo, 200 g de batata palha, orégano

Pique bem o presunto, o bacon, as cebolas e os tomates. Para desfiar a galinha, coloque na panela de pressão o peito (ou outro pedaço sem osso) de frango com um copo de caldo de galinha, um pouco de orégano e mais um litro de água e leve a panela ao fogo. Quando começar a chiar, conte 20 minutos e desligue o fogo. Retire a pressão da panela, abra e separe o caldo do peito de frango. Em seguida, deixe somente o frango dentro da panela e tampe. Sacuda a panela vigorosamente, por um minuto. Abra e a galinha estará totalmente desfiada de maneira uniforme, apenas perto do osso do peito é que poderá ficar um pouco grudado. Com um garfo, será fácil concluir o trabalho de desfiar. Em uma frigideira com azeite, leve o presunto e o bacon, bem picados, para fritar.

Acrescente as cebolas picadas. Em seguida, a galinha desfiada. Deixe refogar mais um pouco. Depois de alguns minutos, adicione a massa de tomate e os tomates bem picados. Misture tudo muito bem e baixe o fogo. Estará pronto quando o molho estiver bem vermelho e encorpado. Quando o molho estiver pronto, desligue o fogo e acrescente o requeijão. Misture tudo.

Chega a hora de escabelar a galinha. Em um refratário grande, arrume o molho no fundo. Cubra com as fatias de queijo e, por cima de tudo, a batata palha, que vai dar o toque "escabelado", sugerindo cabelos ao vento. Leve ao forno por 30 minutos, mais ou menos, até derreter bem o queijo e dourar a batata palha.

Coxinhas bem temperadas

700 g de coxinhas da asa, 200 g de tiras de bacon enroladas, 50 g de passas de uva, 2 copos de cerveja, 50 g de manteiga, 1 colher de sopa de açúcar, 2 cebolas cortadas em rodelas, sal e pimenta-do-reino a gosto

Tempero para as coxinhas:
2 colheres de shoyu, suco de limão, pimenta, orégano, azeite

Coloque as passas de molho na cerveja com uma colher de açúcar por 20 minutos.

Tempere as coxinhas com shoyu, suco de limão, orégano, azeite e pimenta. Logo após, arrume numa travessa refratária.

Forme rolinhos com as fatias de bacon e coloque nos espaços entre as coxinhas.

Cubra as coxinhas na travessa com lascas de manteiga e rodelas de cebola. Espalhe as passas e a cerveja por cima.

Leve ao forno por aproximadamente 45 minutos.

Não deixe secar, acrescente cerveja, se for o caso.

Dica: Esta receita pode ser feita também com sobrecoxas.

Frango 4 latas

700 g de frango (peito, coxa ou sobrecoxa, sem osso), 1 lata de ervilha, 1 lata de milho, 1 lata de creme de leite, 1 lata de molho de tomate, 1 colher de sopa de farinha de trigo, 1 tomate, 2 colheres de sopa de shoyu, azeite, pimenta a gosto

Corte os pedaços de frango em cubos de 1cm, e tempere com 2 colheres de shoyu. Misture bem.

Leve ao fogo uma panela com um pouco de azeite e frite até dourar os pedaços de frango. Tempere com pimenta.

No liquidificador: bata os caldos da lata de milho e de ervilha, uma colher de sopa de farinha de trigo, 1 colher de sobremesa de ervilha, 1 tomate e o molho de tomate.

Depois de tudo bem batido, leve para a panela.

Na panela: acrescente o milho, depois a ervilha.

Deixe cozinhar em fogo baixo por 20 minutos.

Desligue o fogo e adicione o creme de leite.

PERU ATROPELADO

1 peru ou outra ave natalina, 1 dente de alho, 2 cebolas, ¼ de xícara de óleo, 5 tomates, 1 colher de sobremesa de sal, 1 colher de chá de pimenta calabresa, 1 xícara de água, 1 xícara de suco de laranja

Coloque em um recipiente a ave natalina cortada, depois reserve. No liquidificador, bata o alho, as cebolas, o óleo, os tomates, o sal, a pimenta, a água e o suco de laranja, até ficar homogêneo.

Coloque a mistura do liquidificador juntamente com a ave reservada e misture com a mão para ficar temperada homogeneamente.

Depois retire a ave do recipiente e coloque numa forma. Leve ao forno coberto com papel alumínio, em uma temperatura de 180 graus por 2 horas. Passado este tempo, retire o papel alumínio e leve ao forno novamente até que o molho reduza, e a ave fique bem dourada.

TORTA DE FRANGO

Massa:
2 xícaras de leite, 3 ovos, ¾ de xícara de óleo, 2 xícaras de farinha de trigo, 1 tablete de caldo de frango, 1 colher de sopa de fermento químico para bolo

Recheio:
1 caixinha de creme de leite, 1 copo de requeijão, 1 ovo, 1 colher de chá de sal, 3 xícaras de frango cozido e desfiado, 1 cenoura pequena ralada

Cobertura:

150 g de queijo picado ou ralado grosso

Massa:

Bata no liquidificador os ovos, o óleo, o leite, a farinha de trigo, o caldo de frango e o fermento. Arrume a mistura em um recipiente e reserve.

Recheio:

Bata no liquidificador o creme de leite, o requeijão, o sal e o ovo. Retire a mistura do liquidificador e arrume em outro recipiente. Misture os outros ingredientes do recheio: o frango desfiado e a cenoura.

Montagem:

Derrame a massa reservada no fundo da forma de aro removível.

Coloque o recheio de frango com cenoura, uma pitada de sal e pimenta. Depois adicione o outro creme (a mistura do creme de leite e requeijão e 1 ovo).

Por último, coloque o queijo ralado grosso. Leve ao forno preaquecido em 180 graus, em média por 40 minutos. Cubra a torta com papel alumínio, e 10 minutos antes de ficar pronta retire o papel para gratinar.

Frango do bafômetro

1 kg de coxas e sobrecoxas, pimenta-do-reino, sal, 1 xícara de cafezinho de shoyu, 50 ml de cachaça, suco de 1 limão,

3 colheres de sopa de extrato de tomate, 2 dentes de alho, 100 g de bacon picado, 100 g de uvas-passas, 200 g de cebolinhas em conserva, 200 ml de vinho branco

Em uma tigela, coloque as coxas e sobrecoxas de frango, tempere com a pimenta-do-reino, o sal, o shoyu, a cachaça, o suco de limão, o extrato de tomate e o alho.

Em uma panela, frite o bacon e coloque o frango que foi temperado na tigela.

Adicione as uvas-passas, a cebolinhas em conserva cortadas em 4 partes e o vinho branco. Tampe a panela e deixe cozinhar em fogo baixo.

Galinha de ouro

800 g de carne de galinha (peito ou sobrecoxas cortadas em iscas), 1 cebola picada, 1 copo de caldo de galinha (1 tablete dissolvido em água quente), 2 latas de milho verde em conserva (não jogue fora a água da lata), 1 copo de leite, 1 copo de requeijão, 2 colheres de sopa de farinha de trigo, fatias de queijo mozzarella (a quantidade depende do tamanho do refratário), azeite

Em uma panela, com um pouco de azeite, refogue a carne de galinha. Deixe dourar por todos os lados e adicione a cebola picada. Misture e espere alguns minutos.

Depois, acrescente o caldo de galinha, mexa e baixe o fogo. Enquanto isso, bata no liquidificador o milho com a água que vem na lata, o leite, o requeijão e a farinha de trigo.

Leve para a panela e novamente misture tudo. Deixe abrir a fervura e cozinhe por uns 10 minutos. Quando o molho estiver bem amarelo, retire da panela e coloque o molho com o frango em um refratário. Depois, cubra tudo com fatias de queijo e leve ao forno a 180 graus até gratinar.

Dica: Para acompanhar o prato, sirva salada verde e arroz branco.

Frango à parmegiana

4 filés de frango (pedaços grossos), 4 colheres de sopa de farinha de trigo, 2 ovos, 4 colheres de sopa de farinha de rosca, 50 g de queijo parmesão ralado, 300 g de queijo mozzarella fatiado, 2 dentes de alho, 1 cebola grande picada em cubos, 2 latas de molho de tomate pelado, 1 colher de chá de orégano, pimenta em pó, sal, óleo, folhas de manjericão fresco

Comece salgando os filés e temperando com a pimenta.

Na sequência, empane os filés na farinha de trigo, nos ovos e por último na farinha de rosca misturada com o queijo ralado. Depois frite em óleo durante 3 ou 4 minutos de cada lado.

Para o preparo do molho, refogue em uma panela o alho e a cebola até ficarem transparentes. Depois acrescente os tomates e o orégano até formar o molho.

Em um refratário coloque o molho, o frango, as folhas de manjericão e por último o queijo fatiado.

Leve ao forno até o queijo derreter. Depois disso, o frango à parmegiana está pronto.

Frango desossado e recheado

1 frango inteiro de aproximadamente 1 e ½ kg, 300 g de presunto, 300 g de queijo lanche ou outro tipo que seja firme, 4 ovos inteiros cozidos, 2 xícaras de azeitonas sem caroço picadas, 1 pimentão vermelho cortado em tiras, tempero para frango (na receita usamos adobo, um tempero uruguaio), 750 ml de bebida (cerveja, vinho ou champanhe), barbante, agulha grossa

Desosse o frango com uma faca bem afiada.

Depois de desossá-lo, coloque-o em uma bancada de forma esticada. Tempere toda a base do frango. Distribua as azeitonas picadas. Logo, coloque as tiras de pimentão, prosseguindo com uma camada de presunto e uma camada de queijo. Acomode os ovos cozidos. Para firmá-los no centro, coloque outra camada de queijo. Repita outra camada de presunto.

Agora, enrole o frango. Com uma agulha grossa e um barbante, costure uma parte do frango na outra, lacrando todo o rolo, costurando com pontos largos e firmes, na largura e nas pontas.

Depois de costurado, podemos amarrar um barbante em todo o rolo para firmá-lo. Coloque em uma forma e leve ao forno. Durante o tempo de assar, você deve ir regando o frango recheado com 750 ml bebida (cerveja, vinho, champanhe ou outra bebida do gênero).

Asse durante 50 minutos em forno a 200 graus.

Depois de 50 minutos, aumente o forno até que doure o rolo de frango recheado. Vá cuidando até que adquira uma cor dourada. Aguarde uns minutos para fatiar e servir.

Peru premiado com farofa

1 peru, 1 xícara de vinagre (misture vinagre branco com vinagre de vinho), 1 xícara de óleo, orégano, 2 dentes de alho, 1 cebola, sal, pimenta a gosto

Recheio:
200 g de manteiga, 1 cebola ralada, alho, 2 tomates picados, 100 g de azeitona, 3 ovos cozidos picados, 2 xícaras de farinha de milho, 1 xícara de farinha de mandioca, tempero verde, nozes picadas

Comece lavando em água corrente o peru para retirar o tempero. Depois disso, no liquidificador bata o vinagre, a cebola cortada, o alho, o óleo, o sal e uma pitada de pimenta. Feita a mistura, despeje dentro do peru e também espalhe por fora. Enquanto é feito o recheio, deixe o peru marinando.

Em uma panela, comece o recheio, o prêmio do peru. Coloque manteiga e um pouco de óleo para não queimar. Misture bem. Coloque a cebola ralada e o alho, deixe dourar bem. Em seguida, adicione o tomate picado, as azeitonas, os três ovos cozidos picados e uma pitada de sal. Enquanto isso, peneire num recipiente as farinhas, coloque mais uma pitada de sal e misture.

Aos poucos coloque a mistura das farinhas na panela, e siga sempre mexendo. Adicione tempero verde, misture novamente. Por último, coloque na panela as nozes picadas.

Depois de estar bem agregado e com uma cor bem dourada está pronta a farofa. Retire o peru do recipiente e coloque a farofa dentro da ave.

Antes de ir ao forno, costure o peru e depois amarre. Numa forma untada com óleo, faça uma camada de cebola e depois coloque o peru. Espalhe por cima a manteiga de forma bem uniforme.

Cubra o peru com papel alumínio e deixe no forno por 2h30 a 180 graus.

Frango turbinado

1 kg de sobrecoxas ou coxas desossadas, 2 latas de milho verde, 1 copo de requeijão, 1 copo de leite, 1 colher de sopa de farinha de trigo, 1 cebola inteira, 1 cebola cortada em meia-lua, 1 copo de caldo de galinha, 150 g de queijo mozzarella, 1 xícara de cafezinho de molho shoyu, 100 g de champignon, óleo, tempero verde

Corte as sobrecoxas em cubos. Tempere com sal e pimenta. Passe-as no molho shoyu.

Em uma frigideira ampla, coloque óleo, refogue as sobrecoxas cortadas em cubos, deixando-as douradas, adicione a cebola cortada em meia-lua.

Acrescente o caldo de galinha. Deixe cozinhando em fogo baixo.

Enquanto isso, no liquidificador, bata o milho com sua água, a cebola, o leite, o requeijão e a farinha de trigo.

Acrescente essa mistura à frigideira onde estão cozinhando as sobrecoxas. Misture bem, deixe cozinhar por uns 15 minutos. Adicione o champignon e o tempero verde.

Para finalizar, o toque de mestre: cubra o refogado com fatias de queijo mozzarella. Tampe a panela por uns 5 minutinhos até derreter o queijo. Sirva com arroz branco.

Frango Xadrez

2 filés de peito de frango em cubos, 3 colheres de sopa de óleo, 1 cebola grande cortada em cubos, 1 pimentão vermelho em cubos grandes, 1 pimentão amarelo em cubos grandes, 2 talos de salsão em cubos, ½ xícara de amendoim, 400 ml de caldo de frango com 1 colher de maisena dissolvida, 2 colheres de sopa de molho shoyu, sal, pimenta-do-reino

Tempere o frango com sal e pimenta.

Frite o amendoim no óleo, retire o amendoim e reserve.

Frite o frango no mesmo óleo, escorra e reserve.

Repita o procedimento individualmente com a cebola, os pimentões e o salsão, sempre escorrendo e reservando. Caso necessário, acrescente mais óleo.

Ao fim desse procedimento, coloque o frango, a cebola, os pimentões e o salsão de volta à panela.

Coloque o caldo de frango com a maisena dissolvida.

Adicione o molho shoyu e os amendoins. Cozinhe até engrossar e sirva.

FRANGO DE FESTA

1 e ½ kg de coxa e sobrecoxa de frango, ½ xícara de shoyu, sal, 1 pacote de creme de cebola em pó, 1 lata de pêssegos em calda, 2 kg de batatas cozidas sem a casca, 1 copo de requeijão, 50 g de queijo ralado

Em um recipiente, coloque o frango e adicione o shoyu, misture bem para agregar o sabor.

Em seguida adicione o creme de cebola em pó aos pedaços de frango.

Em uma forma, arrume os pedaços de frango. Espalhe os pêssegos pela forma entre os pedaços de frango e acrescente um pouco da calda dos pêssegos.

Separe o restante da calda e use para ir regando os pedaços de frango quando estiverem no forno. Leve a forma para o forno médio preaquecido até dourar.

Depois de uns 30 minutos de forno, acrescente o restante da calda por cima dos pedaços de frango. Isso vai ajudar a deixá-los bem dourados.

Aproveite o forno para preparar o purê de batata do Anonymus.

Esmague bem as batatas previamente cozidas em água e sal.

Junte o requeijão às batatas esmagadas, misture bem, formando o purê, e arrume em um refratário.

Espalhe o queijo ralado por cima e leve ao forno por 15 minutos, ou o tempo de gratinar o queijo.

Sirva o purê acompanhando os pedaços do frango de festa.

Frango agridoce

1 kg de filé de coxa e sobrecoxa cortado em cubos grandes, 200 g de ameixa-preta sem caroço, 400 g de cebola miniatura para conserva in natura, sal a gosto, 1 garrafa long neck de cerveja Malzbier, pimenta-do-reino a gosto, 1 e ½ abacaxi (usamos Terra de Areia)

Coloque o frango em uma forma, tempere com sal e pimenta-do-reino moída na hora.

Acrescente as cebolas, as ameixas, misturando bem. Despeje a cerveja e misture.

Leve ao forno preaquecido na temperatura de 180 graus e asse por 30 minutos.

Retire do forno. Misture com cuidado com o auxílio de espátulas o abacaxi picado e leve ao forno por mais 30 minutos ou até que todos os ingredientes estejam bem cozidos e dourados.

Dica: O frango pode ser substituído por filé suíno, chester ou peru.

Frango fardado

2 colheres de sopa de shoyu, 2 batatas médias em lâminas, sal, pimenta-do-reino, ½ xícara de queijo parmesão ralado, 1 colher de chá de páprica doce, azeite e manteiga para selar as iscas de frango, 600 g de peito de frango em iscas, azeite, 50 g de manteiga, ⅓ de xícara de farinha de trigo, 500 ml de leite integral, noz-moscada, 3 xícaras de folhas de espinafre (½ molho), 1 xícara de queijo parmesão ralado (para cobrir o frango fardado)

Comece ralando as batatas em lâminas e deixe-as de molho na água até o momento da montagem. Aqueça bem uma frigideira, coloque azeite e manteiga e sele as iscas de frango. Tempere o frango com pimenta-do-reino e shoyu. Retire da frigideira, coloque em uma travessa e reserve.

Na mesma frigideira, derreta a manteiga, adicione a farinha peneirada e misture bem.

Sempre mexendo, junte o leite e siga mexendo até o molho ficar consistente. Tempere com sal, pimenta-do-reino e noz-moscada.

Junte o frango reservado, as folhas de espinafre e por fim o queijo parmesão ralado. Disponha o frango em uma travessa e cubra com uma camada de batatas em lâminas. Tempere as batatas com sal e pimenta-do-reino. Pincele com azeite de oliva.

Finalize com 1 xícara de queijo parmesão ralado e com a páprica doce. Cubra a travessa com papel alumínio, leve ao forno preaquecido a 180/200 graus por aproximadamente 30 minutos. Retire o papel alumínio e deixe mais 10 minutos ou até que as batatas estejam douradas.

PEIXES E FRUTOS DO MAR

Peixe ao molho vermelho

Peixe:
4 filés de peixe (tilápia ou violinha), sal, pimenta e limão, 3 ovos, farinha de trigo, farinha de rosca, óleo

Tempere os filés com sal, pimenta e limão. Empane os filés na farinha de trigo.

Mergulhe nos ovos batidos. Empane os filés na farinha de rosca. Frite.

Molho:
2 cebolas, 4 tomates inteiros, 1 dente de alho, 2 copos de água, sal, pimenta, orégano, azeite, 1 colher de sopa de extrato de tomate

Bata todos os ingredientes do molho no liquidificador e leve ao fogo para ferver. Tempere com gotas de limão, sal e pimenta.

Quando estiver pronto, acrescente os filés de peixe já fritos.

Fritada do mar

½ kg de filé de peixe, 200 g de camarão miúdo, 3 ovos, ½ xícara de farinha de trigo, ½ copo de leite, 1 cebola, pimenta vermelha, sal, tempero verde, limão, óleo

Em uma frigideira, coloque o óleo e refogue a cebola picada, acrescente o filé de peixe, vá refogando e desmanchando o peixe. Tempere com sal, pimenta vermelha e limão. Por último acrescente o camarão, refogue uns minutos e está pronto o refogado. Retire do fogo e deixe esfriar. Reserve.

Em um prato separado coloque três ovos, tempero verde, ½ copo de leite, ½ xícara de farinha de trigo. Misture. Logo após, adicione o refogado do peixe e camarão, misture até formar uma massa.

Unte uma frigideira, coloque a massa e molde no tamanho da frigideira, apertando e modelando com uma espátula ou colher, levando ao fogo baixo por 5 minutos. Em seguida, vire a torta em um prato untado com óleo, e devolva para a frigideira para dourar o outro lado por mais 5 minutos. Pressione levemente para que a massa fique uniforme.

Quando estiver pronto, vire a torta em um prato para servir.

Acompanhamento: Molho remolado
3 a 4 colheres de sopa de maionese, tempero verde picado, pepino picadinho, tomate picadinho, cenoura cozida picadinha, vinagre

Misture a maionese e todos os outros ingredientes, temperando com um toque de vinagre.

Bacalhau às natas

500 g de bacalhau já desfiado, 300 g de batatas-inglesas, 350 g de nata, 2 cebolas cortadas em tiras, 1 dente de alho, azeite, tempero verde

Molho branco:

300 ml de leite, 100 g de manteiga, 2 colheres de sopa de farinha de trigo, noz-moscada, sal, pimenta-do-reino, queijo ralado para finalizar

Bacalhau:

Primeiro de tudo, dessalgue o bacalhau: deixe-o de molho em água gelada durante algumas horas.

Em uma panela com azeite, doure a cebola e o alho bem picadinho. Quando a cebola estiver transparente, acrescente o bacalhau bem escorrido e misture bem, deixando no fogo por aproximadamente 5 minutos. Acrescente as batatas já previamente cozidas.

Molho branco:

Derreta a manteiga em fogo baixo, acrescente a farinha de trigo, o sal, a noz-moscada, a pimenta-do-reino e vá mexendo sempre.

Aos poucos, acrescente o leite até formar um creme bem lisinho.

Agregue esse molho branco ao bacalhau, mexa misturando bem e, por último, acrescente a nata e o tempero verde, misturando bastante para que fique homogêneo. Desligue o fogo.

Finalização no forno:

Coloque tudo em um prato refratário e cubra com queijo ralado.

Leve ao forno para gratinar.

Tainha na grelha

2 tainhas grandes e limpas com escamas, 8 a 10 limões, sal fino

Abra e limpe as tainhas, mantendo as escamas. Tempere com bastante sal e suco de limão. Em seguida, coloque na grelha e leve à churrasqueira com fogo alto.

Coloque a grelha na parte alta da churrasqueira, com a parte das escamas para baixo. Quando as escamas estiverem dourando, vire a grelha. Aguarde 15 minutos e sirva.

Santo peixe

1 e ½ kg de filé de peixe (anjo ou outro de sua preferência), 1 cebola grande picada, 2 tomates médios picados, pimentões coloridos picados, ⅓ de cada cor (verde, amarelo, vermelho), 3 batatas médias cortadas em rodelas com casca, açafrão em pó a gosto, pimenta-do-reino a gosto, sal a gosto, suco de ½ limão, azeite de oliva, ovos cozidos para acompanhar

Em um recipiente, misture os temperos: pimentões, cebola, tomate e acrescente o sal. Reserve.

Corte os filés. Coloque em uma forma e tempere com sal, limão, pimenta, açafrão e azeite de oliva. Fatie as batatas em rodelas com a casca. Reserve.

Em uma panela de fundo grosso, coloque o óleo e comece a montar a receita. Camada de legumes, camada de filé, fio de azeite de oliva, camada de legumes, camada de filé, fio de azeite de oliva, camada de legumes, 1 xícara de água.

Tampe a panela e leve ao fogo. Quando começar a borbulhar, baixe para fogo médio e deixe no fogo por aproximadamente 25 minutos. Depois de pronto coloque ovos cozidos inteiros na panela para decorar e acompanhar a receita.

Forminhas de atum

¾ de xícara de leite, 1 lata de atum (tipo água e sal) escorrido, 3 ovos, ⅓ de xícara de pimentão verde em pedaços, ¼ de xícara de cebola cortada em pedaços, 3 fatias de pão de forma sem casca em pedaços, sal e pimenta-do-reino a gosto

Bata todos os ingredientes no liquidificador.

Tempere a gosto e distribua a mistura em 6 forminhas refratárias individuais untadas.

Cozinhe em banho-maria, em forno moderado, por 30 minutos, até que a massa esteja crescida e firme.

Você terá pequenas tortinhas que podem ser servidas como entrada ou como uma refeição leve com salada verde.

Linguado ao catupiry

1 kg de filés de linguado, 1 garrafa de vinho branco seco, 2 caixinhas de requeijão catupiry, 100 g de queijo parmesão ralado, 1 vidro de alcaparras, sal e pimenta-branca em pó a gosto, limão

Tempere os filés com sal, pimenta-branca e limão. Coloque-os em uma forma e cubra com vinho. Leve ao fogo até o vinho ferver. Reserve.

Enquanto isso, cubra o fundo e as laterais de uma forma refratária com queijo catupiry bem farto.

Lave bem as alcaparras para tirar o sal. Coloque os filés de linguado sobre o colchão de catupiry. Decore o prato com as alcaparras e leve ao forno para derreter o catupiry.

Retire, cubra com queijo parmesão ralado e retorne ao forno por mais 5 minutos para gratinar.

Sirva os filés de linguado ao catupiry acompanhados de arroz com brócolis. É simples fazer o arroz com brócolis: basta preparar o arroz branco e misturar com brócolis picados e previamente aferventados.

Almôndegas de peixe

400 g de peixe cozido, 400 g de batatas, 3 ovos, 2 colheres de sopa de manteiga, 1 colher de sopa de farinha de trigo, 1 colher de sopa de leite, sal e pimenta-do-reino, noz--moscada, óleo para fritar, molho de tomate

Nesta receita, podem ser utilizados os peixes mais baratos, sem problemas. Retire a pele e as espinhas do peixe e pique-o.

Cozinhe as batatas e faça um purê. Junte os ovos inteiros, a manteiga derretida e a farinha. Acrescente o peixe cozido. Adicione o leite, tempere com sal, pimenta e noz-moscada e misture, fazendo uma massa consistente. Com a massa obtida, forme bolas do tamanho de uma noz.

Passe-as pela farinha restante e frite-as em óleo bem quente. Sirva as almôndegas de peixe regadas com molho de tomate bem quente, ou com o molho numa molheira.

Bacalhau às latas

150 g de bacalhau desfiado, 1 lata de atum em água, 1 lata de sardinha, 1 vidro (300 g) de palmito em conserva, 1 cebola, 1 limão siciliano, azeite de oliva, 150 g de ervilha, 500 g de creme de leite fresco (nata), ½ litro de leite, 2 colheres de sopa de farinha de trigo, 200 g de batata palha, 200 g de queijo ralado grosso

Comece pelo bacalhau. Coloque-o em um recipiente e cubra com água. Troque a água. Repita a operação 3 vezes ou até que o bacalhau esteja com sal na medida certa.

Em um refratário, coloque o bacalhau, o atum e a sardinha. Tempere com limão e azeite de oliva a gosto. Acrescente a cebola previamente cortada em rodelas, a ervilha e o palmito. Misture delicadamente. Reserve.

Faça um molho branco batendo no liquidificador o creme de leite fresco, o leite e a farinha. Coloque a mistura em uma panela e leve ao fogo, mexendo sempre, até o molho engrossar.

Com o molho pronto, é hora de montar o prato. No fundo de um refratário que possa ir ao forno, faça uma leve camada de batata palha. Por cima entra parte do molho branco e, em seguida, metade da mistura do bacalhau. Por cima, mais uma camada de batata palha, o bacalhau e o restante do molho. Cubra com o queijo ralado. Leve ao forno preaquecido a 180 graus durante 20 minutos ou até que o queijo derreta.

Bifinhos de salmão

1 filé de salmão, 1 colher de chá de pimenta moída, 1 colher de chá de sal, 1 cebola, 2 cenouras raladas, 2 copos de vinho branco, 200 g de champignon, 3 gemas, 1 caixinha de creme de leite, suco de meio limão, 1 colher de sopa de manteiga, óleo para refogar, azeite de oliva

Comece pelo acompanhamento. Refogue na manteiga a cebola cortada em pequenos pedaços. Quando a cebola começar a dourar, entre com as cenouras raladas. Misture. Acrescente o vinho branco e deixe refogar, em fogo baixo. Adicione uma pitada de sal e espere o vinho reduzir.

Enquanto espera o vinho reduzir, corte o filé de salmão em bifes, uns 4 ou 5 pedaços, depende do tamanho de cada bifinho. Pode deixar a pele do salmão. Tempere com sal e pimenta. Esquente bem uma frigideira e, com um pouco de óleo, frite os bifinhos de salmão. Antes de virar, coloque um pouquinho do suco de limão em cada bifinho. Vire-os e deixe-os bem dourados. Cuide para os pedaços de salmão não se desmancharem. Acrescente os champignons e deixe fritar.

Voltando ao acompanhamento. Quando o vinho reduzir na panela, desligue o fogo. Separadamente misture as gemas ao creme de leite e junte à mistura ao refogado. Mexa bem.

Para servir, arrume em cada prato: primeiro uma caminha com o acompanhamento de vegetais. Em cima entra um bife de salmão e alguns champignons. Para completar, um fio de azeite de oliva e pimenta moída. Sirva em seguida.

Camarão farroupilha

1 kg de camarão com casca, 3 tomates, 1 cebola, 3 xícaras de arroz, 3 colheres de sopa de extrato de tomate, 50 g de queijo picado, pimenta moída, sal, óleo para refogar, salsinha picada, azeite de oliva

Comece por um caldo de camarão. Limpe bem o camarão e leve as cascas para uma panela com água, um litro em média, e sal. Deixe ferver por no máximo 15 minutos. Coe e reserve o caldo. Você vai precisar de 6 xícaras de caldo de camarão. Reserve também o camarão limpo.

Agora vamos preparar um refogado. Em uma panela com óleo, frite a cebola e dois tomates. Junte o extrato de tomate e misture até ficar cremoso.

É a hora de entrar com o arroz. Misture bem e adicione também o caldo de camarão. A conta são 6 xícaras de caldo para 3 xícaras de arroz. Misture, acerte o tempero e tampe a panela. Deixe o arroz cozinhar.

Enquanto isso, em uma frigideira com óleo, frite os camarões. É importante temperar os camarões com sal e pimenta. Deixe-os bem corados.

Com o arroz cozido, abra a panela e misture, fora do fogo, os camarões fritos, o queijo e o tomate restante cortado em pedaços. Misture com cuidado. Tampe a panela e deixe abafado por mais 5 minutos. Sirva em seguida acompanhado por salsinha picada, pimenta moída e azeite de oliva.

Frutos do mar em festa

300 g de camarão, 300 g de mexilhões, 300 g de anéis de lula, 100 g de tentáculos pequenos de lula, ½ copo de azeite, sal, limão, alho, 2 cebolas grandes raladas, 2 colheres de sopa de curry, 2 colheres de sopa de erva-doce, 2 colheres de sopa de extrato tomate, ½ copo de caldo de peixe, temperos verdes (salsinha e cebolinha)

Tempere os frutos do mar com sal, alho e limão em separado. Deixar tomar gosto por aproximadamente 30 minutos.

Em uma frigideira grande, em fogo médio, coloque o azeite e frite a cebola, a erva-doce, o curry, o extrato de tomate e o ½ copo de caldo de peixe.

Acrescente os mexilhões e ferva por 3 minutos. Em seguida, coloque as lulas e os tentáculos por mais 3 minutos e, por último, adicione os camarões.

Sirva em uma travessa com arroz e decore com camarões grandes inteiros e fritos. Polvilhe com salsa e cebolinha verde.

Peixe feliz

4 xícaras de caldo de peixe (ou de legumes), 4 tomates, 1 cebola, 1 colher de sopa de farinha de trigo, 3 colheres sopa de extrato de tomate, 1 filé de salmão, 1 limão, sal, 200 ml de leite de coco, 1 copo de requeijão, 2 kg de batata, 200 g de creme de leite fresco (nata), 100 g de queijo parmesão ralado, 1 molho de espinafre

Comece fazendo o caldo de peixe. Coloque em uma panela as aparas do salmão, como cabeça, espinha e couro. Complete com água e deixe ferver por 10 minutos.

Bata no liquidificador os tomates, a cebola, o extrato de tomate, a farinha de trigo e o caldo de peixe. Leve a mistura para uma panela. Acrescente o leite de coco e o requeijão e leve ao fogo mexendo sempre até o molho engrossar.

Tempere o salmão com limão e sal. Em um refratário que possa ir ao forno, coloque uma camada de molho e, por cima, o salmão. Cubra o peixe com o restante do molho. Leve ao forno preaquecido durante 30 minutos ou até que o salmão esteja assado.

Enquanto isso, faça um purê de acompanhamento. Descasque, corte e cozinhe as batatas. Amasse-as para fazer o purê. Acrescente a nata e o espinafre. Arrume a mistura em um refratário e cubra com o queijo ralado. Leve ao forno durante 15 minutos ou até que o queijo derreta.

Moqueca de camarão

1 e ½ kg de camarões médios sem cabeça e sem casca, 50 ml de óleo de dendê, 100 ml de azeite de oliva, 100 ml de leite de coco, 1 maço de coentro, 4 tomates maduros, 2 cebolas médias, 10 dentes de alho, 1 pimentão verde, 1 pimentão vermelho, sal a gosto, 2 limões

Limpe os camarões, retirando a cabeça e a casca, e lave-os com o suco dos dois limões.

Soque o alho com sal e tempere os camarões. Deixe marinar com o tempero por duas horas.

Corte as cebolas, os tomates e os pimentões em rodelas. Arrume os camarões numa frigideira (de preferência de barro), intercalando com a cebola, o tomate, o pimentão e o coentro. Adicione o óleo de dendê e o azeite de oliva e cozinhe em fogo baixo com a frigideira tampada.

Quando o camarão estiver quase cozido, adicione o leite de coco e espere o cozimento total.

Bolinho de bacalhau

300 g de bacalhau dessalgado e desfiado, 3 xícaras de batatas cozidas e espremidas, 1 colher de sopa de farinha de trigo, sal e pimenta-do-reino a gosto, 3 ovos, 2 colheres de sopa de cheiro-verde picado, óleo para fritar

Em uma tigela, misture bem todos os ingredientes.

Com uma colher de sopa, pegue porções de massa, frite em óleo quente até dourar e escorra em papel absorvente.

ARROZ

Paella Rio-Grandense

150 g de linguicinha fina cortada em rodelas, 150 g de linguiça calabresa cortada em rodelas, 200 g de carne de gado em cubos, 150 g de carne de porco em cubos, 150 g de coração de galinha, 200 g de carne de ovelha cortada em cubos, 50 g de bacon, 50 g de banha de porco, ½ pimentão vermelho, ½ pimentão verde, ½ pimentão amarelo, 1 xícara de milho, ½ copo de vinho, 3 folhas de couve-verde, 2 colheres de colorau, 1 cebola média, 3 xícaras de arroz, 6 xícaras de água, 3 colheres de extrato de tomate, 2 cebolas picadas, 2 tomates picados, 2 cenouras picadas, 1 lata de ervilhas, sal e pimenta em pó a gosto, queijo parmesão ralado, tempero verde

A ideia geral é a mesma da origem da paella espanhola: aproveitar as sobras de boa qualidade. Por isso vale usar, junto com as carnes cruas, ou substituindo-as, até sobras de churrasco. Pode ser feito no fogão doméstico, num fogão a lenha ou em uma churrasqueira. Use uma frigideira grande, uma paellera ou uma roda de arado, que deve ir ao fogo. Quando estiver bem quente, coloque banha de porco ou óleo e comece por refogar as carnes de porco, depois, as linguiças, acrescentando as outras carnes a seguir. Quando as carnes estiverem bem douradas, acrescente a cebola e o tomate, refogando-os bem. A seguir, os pimentões vermelho, verde e amarelo, e mais o milho, para colorir com as cores da bandeira do Rio Grande do Sul. Acrescente o arroz e o colorau para fazer as vezes do açafrão na paella, o vinho, o extrato de tomate, a ervilha, a couve e a cenoura, cubra tudo com água, mexa bem e deixe cozinhar. Acrescente mais água, se necessário, para não secar. Quando estiver quase pronto, espalhe queijo parmesão ralado e tempero verde por cima.

Arroz de couve

Para cada xícara de arroz, duas xícaras de água, 1 molho de couve cortada em tiras fininhas, óleo

Refogue a couve rapidamente com um pouco de óleo. Só o tempo de amaciar a couve.

Acrescente o arroz e a água logo em seguida. São 10 minutos de cozimento do arroz. Depois de 10 minutos, apague o fogo e deixe a panela mais 5 minutos no fogão, tampada. Depois disso, está pronto.

Uma boa dica é regular os tempos, para que uma costela e o arroz de couve fiquem prontos mais ou menos no mesmo tempo para servir junto.

Arroz da china pressionada

2 colheres de sopa de óleo, 1 cebola picada, 1 dente de alho picado, 4 batatas cortadas em rodelas grossas, 2 pernas de linguiça calabresa defumada fina cortada em rodelas, 1 perna de linguiça calabresa defumada grossa cortada em rodelas, 2 xícaras de arroz cru, 1 tomate sem pele e sem sementes picado, tempero verde picado (salsa, cebolinha), 1 unidade de caldo de carne (em cubo esfa-

relado), 3 xícaras de água fria, queijo ralado e tempero verde para polvilhar

Na panela de pressão, coloque o óleo, a cebola picada e o dente de alho. Refogue até que a cebola fique transparente.

Retire a panela do fogo e acrescente os ingredientes na panela de pressão na seguinte ordem, em camadas: batatas, linguiça calabresa fina, linguiça calabresa grossa, arroz, tomate, tempero verde, caldo de carne, água. Tampe a panela de pressão e leve ao fogo.

Quando a panela começar a chiar, deixe em fogo baixo e conte 5 minutos.

Depois, apague o fogo e deixe a pressão sair ao natural. Não force a saída da pressão, pois esse tempo com a pressão desligada é necessário para a finalização da receita.

No final, depois da pressão sair ao natural, abra a panela e arrume o arroz da china pressionada num refratário, polvilhe queijo ralado e tempero verde e sirva acompanhado por uma boa salada.

Arroz cru em camadas

2 copos de arroz cru, 2 cebolas, 1 cenoura cozida e picada, 1 tomate sem semente e sem pele, ½ pimentão verde picado, 100 g de passas de uvas, 200 g de milho verde, 500 g de presunto, 200 g queijo ralado, 200 g bacon picado, óleo para untar e refogar, 1 litro de água fervendo

Inicie untando um refratário grande, e vá preenchendo as camadas da seguinte forma:

arroz cru (1 copo), milho verde escorrido, mix de cenoura, tomate, pimentão verde e passas de uva (misturar estes e dispor em uma camada)

refogue o presunto com a cebola em uma caçarola (outra camada)

arroz cru (1 copo), queijo ralado grosso, bacon refogado

Logo após, acrescente 1 litro de água fervendo. Leve ao forno preaquecido, em temperatura média, por aproximadamente 40 minutos. Fica delicioso! Bom apetite!

Arroz cremoso

450 g de arroz cozido, 3 colheres de sopa de maionese, ½ xícara de água, ½ tomate picado sem sementes, 100 g de frango desfiado, ½ colher de sopa de salsinha picada, 1 colher de sopa de queijo ralado, ½ cebola picada, 1 colher de sopa de azeite de oliva

Despeje o azeite em uma panela e refogue a cebola. Em seguida, coloque o frango desfiado e o tomate picado na panela, deixando refogar por mais alguns minutos. Depois dessas etapas, adicione o arroz já cozido, a maionese e a água, e misture tudo até ficar homogêneo.

Para finalizar o preparo, retire a panela do fogo e adicione o queijo ralado e a salsinha, por cima do arroz.

Agora, o seu arroz cremoso está prontinho para ser saboreado. Sugestão de acompanhamento: batata rústica.

Arroz de costela

arroz, 2 kg de costela (magra e carnuda), 1 cebola média, 1 tomate, 1 cenoura, ½ xícara de molho shoyu, 1 copo de caldo de carne, 1 copo de suco de laranja, 1 pimentão vermelho médio, 3 colheres de sopa de extrato de tomate, sal, óleo

Previamente, peça para o açougueiro cortar a costela, no sentido vertical em tiras de aproximadamente 3 ou 4 centímetros.

Na cozinha, corte as tiras de costela em módulos, correspondentes aos intervalos dos ossos. Tempere com sal.

Leve ao fogo uma panela ampla com um pouco de óleo e refogue os módulos de costela. Depois que os pedaços de costela estiverem dourados, acrescente o arroz (em média 1 xícara para duas pessoas) e misture bem.

Enquanto isso, no liquidificador, bata a cebola, o tomate, a cenoura, o molho shoyu, o pimentão vermelho, o extrato de tomate, o caldo de carne, o suco de laranja – até que resulte uma mistura uniforme.

A mistura do liquidificador deve ser levada à panela misturando-se com a carne e o arroz.

Bem agregada a mistura do liquidificador com a carne e o arroz, são necessários aproximadamente 10 minutos de cozimento do arroz junto com os outros ingredientes, em fogo médio. Em seguida, deixe a panela mais cinco minutos com a tampa fechada. Está pronto o arroz de costela.

Arroz naturalista

1 xícara de arroz Naturalista, 1 colher de sopa de manteiga, azeite de oliva, 1 colher de sopa de bacon picado, ½ cebola picada, ½ tomate picado, sal a gosto, 2 xícaras de água

Em uma panela coloque a manteiga e o azeite de oliva.

Frite o bacon, a cebola e o tomate. Acrescente o arroz, coloque o sal e a água.

Deixe em fogo baixo por 10 minutos. Desligue o fogo e deixe a panela tampada por mais 5 minutos e está pronto.

Arroz branco

2 colheres de sopa de cebola picada, 2 xícaras de arroz, 4 xícaras de água, óleo, sal

Na panela coloque óleo, 2 colheres de sopa de cebola picada, refogue e coloque 2 xícaras de arroz, tempere com sal e adicione 4 xícaras de água.

Tampe a panela por 10 minutos em fogo alto e mais 10 minutos em fogo baixo, desligue e deixe por mais 5 minutos sem abrir a panela. Pronto.

Arroz branco do Anonymus

2 xícaras de arroz, 3 xícaras de água, óleo, sal

Na panela coloque óleo, 2 xícaras de arroz, tempere com sal e adicione 3 xícaras de água.

Tampe a panela por 10 minutos em fogo alto e mais 10 minutos em fogo baixo, desligue e deixe por mais 5 minutos sem abrir a panela.

Arroz temperado

2 dentes de alho, 1 colher de chá de curry, ½ xícara de damasco, ½ xícara de uvas-passas, ½ xícara de castanhas, 2 xícaras de arroz, 4 xícaras de caldo de frango

Refogue o alho. Frite o arroz. Adicione os temperos: curry, damasco, passas, castanhas e o caldo de frango, mexa e deixe cozinhar. Quando levantar fervura, conte 10 minutos, desligue o fogo e deixe por mais 5 minutos.

Arroz à parmegiana

500 g de carne moída, azeite, 1 xícara de cafezinho de shoyu, 1 colher de sopa de farinha de trigo, 2 tomates, 1 cebola, 3 colheres de sopa de extrato de tomate, 1 copo de caldo de carne, 1 copo de suco de laranja, 1 colher de sopa de açúcar, 3 xícaras de arroz cru, 300 g de queijo mozzarella ralado grosso, 3 xícaras de água fervente

Refogue a carne moída em uma frigideira com um fio de azeite. Acrescente o shoyu para ajudar a dourar a carne e, quando começar a dourar, peneire uma colher de sopa de farinha de trigo por cima da carne refogada. Misture e deixe cozinhar.

No liquidificador, bata os tomates com uma cebola. Abra o liquidificador e coloque o extrato de tomate, o açúcar e o suco de laranja. Junte a mistura à carne que refoga na frigideira. Adicione ao molho o caldo de carne. Misture e deixe o molho apurar.

Em um refratário untado com óleo, faça a primeira camada com 1 e ½ xícara de arroz cru. A segunda camada é o molho. A terceira camada é mais 1 e ½ xícara de arroz cru. Depois vem o queijo ralado grosso como cobertura. Por último coloque água fervente.

Agora, é forno por em média 40 minutos. Forno médio para baixo. Podemos assar o arroz à parmegiana em banho-maria. O tempo depende muito do seu forno. Quando o arroz estiver macio, está pronto.

Risoto campeiro

500 g de linguiça calabresa picada, 400 g de arroz arbóreo (3 xícaras de chá), 2 litros de caldo de legumes (cerca de 8 xícaras de chá), 200 ml de vinho branco seco (1 cálice), 200 g de creme de leite (1 caixinha), 50 g de queijo parmesão, salsinha picada, 1 dente de alho

Em uma frigideira ampla, frite a linguiça picada em cubos pequenos.

Acrescente o alho picado e logo em seguida o arroz. Agregue o vinho branco e deixe evaporar. Vá adicionando aos poucos o caldo de legumes. Cozinhe até o arroz soltar todo o amido e ficar al dente.

Acrescente o creme de leite e o parmesão e misture bem. Finalize espalhando por cima salsinha picada e um pouco da linguiça frita cortada em cubos pequenos.

Dica: É fundamental que os grãos de arroz fiquem al dente, isto é, com certa dureza. Para isso o tipo de arroz é tudo: o arroz arbóreo é insubstituível, pois com facilidade – basta ter atenção – ele ficará no ponto ideal de cozimento. Neste caso, não adianta substituir pelo arroz comum ou por outros tipos de arroz, que, sem dúvida, são ótimos para outras preparações, mas não para risoto. "Risoto" sem arroz arbóreo fica assim, entre aspas, porque não é risoto – é o velho e bom carreteiro.

Arroz com manteiga do Anonymus

1 colher de sopa de manteiga, 2 xícaras de arroz, sal a gosto, 4 xícaras de água

Em uma panela, coloque a manteiga, o arroz, tempere com sal e coloque a água. Leve para cozinhar, quando levantar fervura, baixe o fogo.

Quando estiver cozido o arroz, desligue e deixe a panela mais 5 minutos tampada para finalizar o cozimento.

Arroz colorido

1 xícara de arroz, 1 e ½ xícara de água, sal a gosto, tempero verde, cenoura cozida picadinha

Cozinhe o arroz. Acrescente na panela a cenoura picadinha e o tempero verde.

Arroz de china rica

2 xícaras de arroz branco (ou 1 xícara de arroz branco e 1 de arroz selvagem), 250 g de linguiça fina cortada em pedaços pequenos, 250 g de linguiça grossa (calabresa ou de porco) cortada em pedaços pequenos, ervilhas, milho, cogumelos, 1 lata de tomates pelados, 1 copo de champanhe ou vinho branco, 1 xícara de cebola picada, 2 dentes de alho picados, 4 xícaras de água, sal e pimenta a gosto, azeite de oliva, queijo parmesão ralado

Aqueça uma panela de ferro com azeite de oliva e frite a cebola, o alho e as linguiças. Quando dourarem, acrescente o arroz. Depois, os tomates pelados, as ervilhas e o milho. Refogue mais um pouco, acrescente água e um pouco de sal, e cozinhe com a tampa fechada até reduzir a água e o arroz ficar no ponto. No final, junte o champanhe e os cogumelos, pouco antes de apagar o fogo.

Cuidado com o sal, pois a linguiça já é salgada. Cuidado com a pimenta, se utilizar linguiça calabresa. Na hora de servir, a china rica não dispensa uma generosa camada de bom parmesão ralado e um fio de azeite extravirgem por cima.

MASSAS

Enroladinho do Chaves

250 g de presunto em fatias, 250 g de queijo mozzarella em fatias, 250 g de espaguete nº 7, 100 g de bacon, 1 cebola, 2 dentes de alho, pimenta-do-reino, 1 copo de leite, 1 copo de requeijão, 1 colher de farinha de trigo, 1 caixinha de creme de leite, 100 g de parmesão ralado, azeite

Cozinhe o espaguete em água fervente até que fique al dente. Escorra a água e reserve.

Em uma panela com duas colheres de azeite, frite o bacon. Adicione a cebola, o alho e a pimenta.

Abaixe o fogo e acrescente o leite, a farinha e o requeijão cremoso.

Desligue o fogo e adicione o creme de leite. Misture bem e reserve o molho.

Coloque uma fatia de presunto em uma superfície lisa. Sobre o presunto, coloque uma fatia de queijo.

Em uma extremidade, coloque uma porção de espaguete.

Enrole as fatias sobre o espaguete, formando um canudinho. Corte em três pedaços.

Arrume os rolinhos em refratário que possa ir ao forno.

Repita o procedimento até terminarem todos os rolinhos.

Espalhe o molho sobre todos os rolinhos e, por cima, polvilhe o queijo ralado.

Leve ao forno preaquecido a 160 graus, durante 25 minutos. Sirva em seguida.

Massa carbonara

500 g de massa, 200 g de bacon picado, 100 g de queijo ralado, 1 caixa de creme de leite, 3 ovos ligeiramente batidos

Na frigideira, comece fritando o bacon, bem picado, até ficar dourado. Em uma panela, cozinhe a massa com água fervente e deixe al dente.

Escorra bem a massa e acrescente à panela onde foi refogado o bacon, mexa e reserve.

Em outro recipiente bata os ovos e adicione o creme de leite e o queijo ralado. Misture bem.

Adicione essa mistura ao recipiente onde está a massa com o bacon e misture muito bem, em fogo baixo.

Enroladinho italiano

500 g de carne moída, 1 cebola picada, 2 copos de molho de tomate pronto, 1 copo de caldo de carne (dissolva 1 tablete de caldo de carne em 1 copo de água quente), 500 g de massa para lasanha (ou massa para canelone), 200 g de queijo em fatias, 1 colher de sopa de farinha de trigo, ½ litro de leite, 50 g de manteiga, azeite, sal, pimenta

Comece refogando a carne moída e a cebola com um pouco de azeite. Acrescente o molho de tomate pronto e deixe cozinhar por uns cinco minutos.

Por último, adicione o caldo de carne. Mexa e espere cozinhar em fogo baixo até que a carne fique bem incorporada ao molho. Uns 10 minutos, mais ou menos.

É importante ter um molho mais líquido. Se secar, adicione mais um pouco de caldo de carne ou água. Tempere com sal.

Desligue o fogo e prepare o molho branco. Bata no liquidificador a farinha de trigo, o leite e a manteiga. Leve a mistura para uma panela e misture até engrossar bem o molho branco. Tempere com sal e um pouco de pimenta. Quando o molho estiver bem grosso, desligue o fogo. Misture bem.

Para montar os enroladinhos abra as "folhas" de massa de lasanha. No centro de cada uma, arrume 2 fatias de queijo e uma colherada do molho branco. Enrole até fechar bem, formando um rolo, como um canelone.

Unte um refratário e vá colocando os enroladinhos recheados ali. Faça todo o pacote de massa, sempre colocando o queijo e o molho branco como recheio.

Depois de prontos e arrumados no refratário, cubra os enroladinhos com o molho vermelho. Leve ao forno preaquecido por 20 minutos, mais ou menos. É o tempo de cozinhar a massa. Sirva em seguida.

Dica: Você pode variar o recheio colocando folhinhas de espinafre junto com o queijo.

Lasanha enrolada

½ kg de massa fresca para lasanha (1 pacote), 300 g de ricota, 2 molhos de espinafre, 6 colheres de sopa de azeite de oliva, 2 colheres de sopa de farinha de trigo, 1 litro de leite, 100 g de manteiga, 200 g de queijo ralado grosso, sal a gosto, pimenta-do-reino a gosto

Pique um dos molhos de espinafre e reserve. Em uma tigela esmague a ricota e misture o espinafre picado com azeite de oliva até formar uma pasta. Tempere com sal e pimenta a gosto. Arrume a mistura em cima de uma folha de massa de lasanha e enrole como um rocambole. Enrole cada uma das folhas de massa de lasanha recheada com essa mistura de ricota e espinafre.

Arrume os rolinhos em um refratário que possa ir ao forno. Reserve.

Para o molho, bata no liquidificador o leite, a farinha de trigo, a manteiga, o outro molho de espinafre (somente as folhas), e o queijo ralado grosso. Leve ao forno e, mexendo sempre, deixe o molho engrossar.

Despeje o molho por cima dos rolinhos de lasanha recheados e espalhe o queijo fatiado por cima de tudo. Leve ao forno preaquecido durante o tempo necessário para o cozimento da massa (30 minutos em média), ou até o molho borbulhar.

Nhoque Porto Alegre

Massa:
3 batatas-doces grandes, 2 ovos, sal a gosto, noz-moscada a gosto, canela a gosto, 1 xícara de farinha de trigo (aproximadamente), 3 colheres de sopa de queijo ralado, azeite

Molho de tomate:

6 tomates médios maduros, 1 cebola grande, 1 dente de alho, manjericão a gosto, sal, 2 colheres de sopa de extrato de tomate, 1 xícara de cafezinho de vinho tinto

Massa:

Cozinhe as batatas. Depois de cozidas, esmague com um espremedor.

Acrescente ovos, sal a gosto, noz-moscada, canela e queijo ralado. Vá acrescentando farinha até dar o ponto que não grude nas mãos.

Enrole tiras finas, corte em pedaços de mais ou menos 1 cm e forme o nhoque.

Coloque uma panela de água e um filete de azeite para ferver.

Depois que ferver, coloque os nhoques e cozinhe por mais ou menos 20 minutos ou até ficar al dente (os nhoques subirão para a superfície).

Escorra e sirva com molho vermelho e queijo ralado a gosto.

Molho de tomate:

No liquidificador, coloque os tomates, a cebola, o alho, o extrato de tomate, o manjericão, sal e 1 copo de água.

Depois leve ao fogo e deixe ferver, acrescente o vinho e deixe até reduzir o molho.

ESPAGUETE 4 CARNES

300 g de linguiça, 300 g de carne suína, 300 g de carne bovina, 300 g de carne de frango, ½ copo de shoyu, 1 taça de vinho tinto, 1 copo de suco de laranja, 2 colheres de sopa de extrato de tomate, 1 pacote de creme de galinha, 300 g de espaguete, azeite de oliva, manteiga

Corte a linguiça em rodelas. Pode ser uma linguiça calabresa ou aquela que você tenha em casa. A carne suína deve ser cortada em cubos pequenos, pode ser um pedaço de lombo ou filezinho. A carne bovina também deve ser cortada em cubos, do mesmo tamanho da suína. O frango da mesma forma, precisa ser cortado em cubos e pode ser qualquer pedaço sem osso.

Leve ao fogo uma panela grande com um pouco de azeite de oliva e manteiga e comece pelas carnes. Vá fritando-as aos poucos, primeiro a linguiça, depois a carne suína, a bovina e a de frango. Misture e refogue por uns 15 minutos.

Junte o extrato de tomate, o shoyu, o vinho e o suco de laranja. Misture bem e deixe refogar mais alguns minutos.

Enquanto isso, dissolva bem o creme de galinha em pó em um copo de água. Depois acrescente-o à panela. Mexa e deixe cozinhar em fogo baixo por meia hora ou até que o molho esteja bem consistente e as carnes, bem cozidas. Não deixe o molho secar. Se reduzir muito, adicione mais vinho ou mais água.

Agora é a hora de agregar o espaguete cru direto na panela. Ele vai cozinhar no próprio molho, por isso é preciso bastante molho. Misture delicadamente o espaguete para que todo ele fique mergulhado no molho. Deixe cozinhar o tempo indicado na embalagem do espaguete. Acrescente mais água se necessário.

Macarrão da praia

100 g de manteiga, 3 colheres de sopa de farinha de trigo, 500 ml de leite, sal a gosto, noz-moscada a gosto, azeite de oliva para refogar, 1 cebola picada, 2 dentes de alho picados, 400 g de peito de frango cozido e desfiado, 3 tomates picados, 1 xícara de milho verde, 200 g de macarrão penne, 150 ml de caldo de galinha, 1 maço de salsinha picada, 150 g de queijo mozzarella em fatias

Derreta a manteiga em uma panela e junte a farinha. Mexa sempre.

Junte o leite e mexa até o molho engrossar, tempere com sal e noz-moscada e reserve.

Em uma frigideira que vá ao forno, disponha o azeite de oliva e refogue a cebola.

Junte o alho e em seguida o frango desfiado.

Quando estiver bem dourado, coloque os tomates, tempere com sal a gosto, e deixe cozinhar até os tomates se desmancharem. Adicione o milho verde e o molho branco.

Acrescente o macarrão, o caldo de galinha, misture e deixe cozinhar por 8 minutos.

Desligue o fogo, adicione a salsinha picada e disponha as fatias de queijo por cima.

Leve ao forno preaquecido para gratinar por 10 minutos.

Macarrão com linguiça na pressão

500 g de macarrão do tipo fusilli ou parafuso, 7 linguiças, 2 latas de molho de tomate, 1 cebola, 1 colher de chá de pimenta moída, 1 colher de chá de sal, 100 g de queijo ralado, ½ litro de água, salsinha picada

Pique a linguiça e coloque na panela de pressão. Junte os outros ingredientes: macarrão, cebola bem picada, molho de tomate, queijo ralado, sal e pimenta. Mexa bem. Por último adicione água e misture tudo. Feche a panela de pressão e leve ao fogo por 3 minutos.

Quando terminar, desligue e deixe a pressão sair sozinha. Quando tiver saído toda a pressão, abra a panela.

Sirva com queijo e salsinha picada.

Lasanha de cappelletti

½ kg de cappelletti

PARA A CAMADA DE CARNE:
1 kg de carne moída de primeira, 100 g de bacon, 2 cebolas médias picadas, 3 tomates picados, 2 colheres de sopa de extrato de tomate, sal a gosto, pimenta a gosto

Para as outras camadas:

300 g de queijo prato em fatias, 300 g de presunto em fatias, 500 g de requeijão cremoso, queijo parmesão ralado

Cozinhe o cappelletti em água e sal e reserve.

Prepare a carne, fazendo um molho suculento: refogue a carne moída, misturando-a com o bacon, tempere com sal (cuidado que o bacon é salgado!) e pimenta, acrescente as cebolas, os tomates e o extrato de tomate. Mexa bem e deixe cozinhar por alguns minutos.

Quando estiver pronta, faça a montagem das camadas em um prato refratário: 1) cappelletti já cozido; 2) carne com molho; 3) fatias de presunto; 4) requeijão; 5) fatias de queijo prato.

Por cima de tudo, polvilhe o queijo parmesão. Dependendo do tamanho do prato refratário, você poderá repetir uma ou mais camadas, mas sempre termine com o queijo. Leve ao forno por aproximadamente 30 minutos. Sirva bem quente, acompanhado de uma salada.

Espaguete dinamarquês

500 g de espaguete, água fervente abundante, 1 cebola picada, 1 pimentão médio cortado em tiras, 3 tomates cortados em cubinhos, 200 g de linguiça calabresa, sal a gosto, pimenta a gosto, 1 colher de manteiga

Doure a manteiga e junte a linguiça cortada em rodelas. Depois que estiver douradinha, acrescente a cebola, o pimentão, os tomates, a pimenta e um pouco de água e deixe cozinhar uns minutos. Coloque tudo sobre o espaguete cozido previamente em água abundante e sal.

Talharim ao pesto

½ kg de talharim fino, água fervente abundante, sal, azeite

Para o pesto:

1 xícara de folhas de manjericão fresco picadinho, 1 xícara de salsa picadinha, 1 xícara de azeite, 1 colher de sopa de orégano, 1 xícara de nozes moídas (ou pinhão), 4 dentes de alho bem amassados, 1 xícara de queijo parmesão ralado

Pesto:

Misture bem os ingredientes indicados em um pilão de madeira, triturando as nozes. Pode-se utilizar o multiprocessador. Quando obtiver uma pasta, deixe descansar uns 30 minutos para pegar gosto.

Massa:

Cozinhe o talharim al dente em uma panela com água abundante, sal e um fio de azeite. Quando estiver pronta, escorra e misture a massa com o pesto, servindo imediatamente.

Jeff Smith, o "Frugal Gourmet", apresentou na TV uma receita de pesto semelhante a esta, utilizando pinhão no lugar das nozes. Nessa variante do "Frugal Gourmet", os pinhões devem ser torrados no forno ou numa panela com um pouco de manteiga. Deixe esfriar, triture-os e use-os no lugar das nozes.

Massa com bacalhau

500 g de massa, 200 g de bacalhau, 16 azeitonas pretas sem caroço, 20 g de alcaparras, 2 dentes de alho picados, 100 g de tomates cereja, 4 colheres de sopa de azeite de oliva, pimenta-do-reino a gosto, sal, 4 colheres de sopa de vinho branco seco, 1 colher de sopa de salsa e cebolinha picadas

Deixe o bacalhau de molho na véspera, trocando sempre a água.

Frite o alho no azeite de oliva e acrescente o bacalhau cortado. Deixe fritar por um minuto e acrescente os tomates, as alcaparras e as azeitonas. Espere mais um pouquinho e coloque o vinho. Tempere com a pimenta. Enquanto isso, cozinhe a massa em água e sal e um fio de azeite de oliva. Escorra a massa, misture com o molho de bacalhau e polvilhe com salsa e cebolinha.

Macarrão mafioso

200 g de frango, 200 g de coração de galinha, 200 g de linguiça calabresa, 1 pimentão, 1 pimenta vermelha, 2 tomates, 1 cebola, 3 colheres de sopa de azeitonas picadas, 3 colheres de extrato de tomate, 2 copos de caldo de carne, 1 copo de vinho tinto, 500 g de massa (pode ser do tipo parafuso), azeite

Comece por um refogado. Em uma frigideira, com um pouco de óleo ou azeite, adicione a linguiça cortada em rodelas. Deixe refogar e junte os corações, previamente limpos e cortados ao meio. Misture e acrescente também o frango em cubos. Mexa e deixe refogar por alguns minutos.

Com as carnes douradas, é a hora de entrar com o pimentão cortado em pedacinhos, a pimenta bem picada e as azeitonas em rodelas. Misture bem.

Bata no liquidificador a cebola, os tomates, o extrato de tomate, o vinho e o caldo.

Junte o molho batido no liquidificador ao refogado na panela. Misture bem e deixe refogar até que o molho fique bem escuro. Não esqueça de tampar a panela. Abra por vezes para mexer o molho e tampe a panela.

Quando o molho estiver no ponto, entre com a massa. Misture com cuidado e tampe novamente a panela. Durante o tempo de cozimento da massa (depende do tipo, veja na embalagem), abra e mexa mais uma vez. Se preciso, coloque um pouquinho de água. Quando a massa estiver macia, está pronto o macarrão mafioso. Sirva em seguida.

Lasanha de bolacha

Molho branco:
2 colheres de sopa de farinha de trigo, ½ litro de leite, 1 colher de sopa de manteiga, ½ cebola, sal

Molho vermelho:
350 g de carne de frango, 1 copo de caldo de galinha, 1 colher de sopa de farinha de trigo, 3 colheres de extrato de tomate, 1 tomate, ½ cebola, azeite

Montagem da lasanha:
200g de presunto fatiado, 200 g de queijo fatiado, 200 g de bolacha água e sal

Comece pelo molho vermelho. Leve ao fogo uma panela com um pouco de azeite e, quando estiver quente, refogue a carne de frango picada com a cebola.

A seguir, acrescente o extrato de tomate, o tomate picado e a farinha de trigo. Misture bem.

Deixe refogar uns minutinhos e acrescente o caldo de galinha. Mexa e deixe cozinhar bem esse molho vermelho com frango.

Enquanto isso, bata no liquidificador todos os ingredientes do molho branco. Leve a mistura para outra panela, em fogo baixo, e mexa até engrossar. Tempere com sal.

Para montar a lasanha, use um refratário (ou uma forma) untado. Espalhe o molho branco, cubra com as bolachas organizadas uma ao lado da outra, formando uma camada, coloque em seguida o presunto e o queijo picados com as mãos e, por cima, o molho vermelho, depois mais uma camada de bolachas, e assim por diante.

Para finalizar, mais uma camada de queijo picado e molho branco por cima de tudo.

Leve ao forno por 30 minutos, mais ou menos. Sirva em seguida.

CALDOS E SOPAS

Sopa gaúcha

1 ossobuco, 2 linguiças, 1 dente de alho picado, 2 cebolas, 2 tomates, 1 chuchu, ¼ de moranga cabotiá, ½ pimentão, 1 espiga de milho cortada em rodelas, ½ abobrinha italiana, ½ maço de espinafre, 1 pedaço de aipim, 1 batata-doce pequena, ½ maço de tempero verde picado, orégano, pimenta, sal, óleo

Para preparar o ossobuco, faça um corte em circunferência para liberar a carne da membrana. Tempere com sal a gosto. Frite o ossobuco em uma panela com óleo.

Corte a linguiça em rodelas, que devem ser acrescentadas na fritura com o alho, a cebola e o tomate.

Logo depois, agregue à panela os vegetais mais duros e mexa. Coloque água previamente aquecida até cobrir os ingredientes.

Ferva por 30 a 40 minutos, acrescentando os demais ingredientes e mais água, se necessário.

Um bom acompanhamento é o pão frito: passe manteiga dos dois lados de fatias do pão e frite na frigideira.

Sopa de batata-doce

6 xícaras de caldo de legumes, 3 unidades de batata-doce descascadas e cortadas em cubos, 1 xícara de creme de leite fresco (nata), 1 colher de chá de sal, 2 colheres de sopa de salsa picada, 1 colher de chá de gengibre ralado, croutons, linguicinha frita

Em uma panela, coloque o caldo de legumes e a batata-doce em cubos.

Leve ao fogo e cozinhe durante 20 minutos depois do início da fervura.

Desligue o fogo, adicione o creme de leite, o sal, o gengibre ralado e bata no liquidificador até formar um creme homogêneo.

Volte para a panela e aqueça a sopa em fogo brando.

Polvilhe a salsa, sirva com croutons e linguicinha frita.

Sopa de tomate

1 colher de sopa de azeite de oliva, ½ cebola picada, 1 dente de alho picado, 3 tomates sem pele e sem sementes picados, 1 copo de água fervente, 1 colher de sobremesa de extrato de tomate, 1 pitada de açúcar, sal a gosto, pimenta-do-reino a gosto, ½ copo de iogurte natural desnatado

Em uma panela, aqueça o azeite e refogue a cebola e o alho.

Junte o tomate, o sal, a pimenta-do-reino, o extrato de tomate, o açúcar e a água e ferva por 20 minutos em fogo baixo.

Deixe esfriar e bata no liquidificador.

Acrescente o iogurte e sirva.

Sopa de Cebola

50 g de manteiga, 1kg de cebolas cortadas em rodelas finas, 2 colheres de sopa de farinha de trigo, 500 ml de caldo de frango, sal e pimenta-do-reino a gosto, noz-moscada a gosto, fatias de pão de forma, azeite de oliva, queijo parmesão ralado

Em uma panela grande, aqueça a manteiga, acrescente as cebolas e deixe dourar em fogo baixo. Acrescente a farinha de trigo e deixe mais 1 minuto.

Adicione o caldo de frango, a noz-moscada, o sal e a pimenta.

Deixe cozinhar em fogo baixo por aproximadamente 20 minutos.

Grelhe levemente as fatias de pão em uma frigideira com azeite de oliva (ou toste no forno).

Quando a sopa estiver pronta, distribua em tigelas refratárias individuais, cubra com uma fatia de pão e salpique bastante queijo ralado.

Leve ao forno bem quente apenas para gratinar.

Cassoulet

1 e ½ xícara de feijão branco (250 gramas), 4 xícaras de caldo de frango (você pode fazer com frango fervido ou usar o caldo que se compra pronto), azeite de oliva, 1 colher de sopa de manteiga, 5 sobrecoxas de frango sem pele, 100 g de bacon em tirinhas, 1 cebola cortada em meia-lua, 1 cálice de vinho branco, 2 dentes de alho em fatias, 4 tomates picados sem pele e sem sementes, 2 colheres de sopa de extrato de tomate, tempero verde picado, sal a gosto, pimenta-do-reino a gosto, pães torrados para acompanhar

Deixe o feijão de molho na água fria de véspera.

Escorra o feijão e ponha na panela de pressão com 3 xícaras do caldo de frango. Complete com água fria o suficiente para cobrir o feijão. Cozinhe em fogo médio por 20 minutos após iniciar a pressão. Reserve.

Em uma frigideira, aqueça o azeite e a manteiga e frite o frango até dourar. Reserve.

Na mesma frigideira de que você retirou o frango, frite o bacon até dourar e junte a cebola e o alho. Refogue-os até ficarem macios e reserve.

Na panela onde está o feijão cozido, coloque o restante do caldo de frango (1 xícara de chá) adicione o refogado de bacon, cebola e alho, e acrescente os tomates picados sem pele e semente, o vinho, o extrato de tomate, o tempero verde, a pimenta-do-reino, o sal. Deixe ferver por 5 minutos.

Escolha uma caçarola, prato refratário ou forma que vá ao forno e organize o frango reservado. Cubra com todo o fervido e leve ao forno médio preaquecido a 170 graus por 1 hora. Sirva com pão torrado.

A receita original manda retirar o frango para servir o cassoulet – fica a dica.

Sopa de ervilhas

500 g de ervilhas secas, 500 g de lentilhas, 1 pedaço de carne de segunda com osso, 1 molho de espinafre, 4 batatas, 1 cebola picada, 1 tomate em pedaços, ½ cálice de vinho, sal a gosto, pimenta-do-reino a gosto

Em uma panela com bastante água, coloque um bom pedaço de carne de segunda com osso, ervilha seca e lentilha em quantidades iguais, espinafre, batata, cebola, tomate, um pouco de vinho, sal e pimenta, e deixe ferver algumas horas. Se quiser, acrescente mais alguns ingredientes, como linguiça e moela de galinha. Vai ficar um caldo grosso, consistente, e os ingredientes vão se desmanchar. Fica muito saborosa!

Sopão do amor

1 pimentão, 1 kg de carne (pode ser agulha), ½ moranga, 300 g de frango (pode ser sobrecoxa), 2 espigas de milho, 3 folhas de couve, 2 batatas, 300 g de ervilha seca, 5 cenouras, 4 tomates, 500 g de aipim, 1 molho de espinafre, 1 cebola, 1 garrafa de cerveja branca, 1 pacote de sopa de cebola

Primeiro coloque as batatas cortadas grosseiramente. Depois acrescente a moranga também cortada em pedaços grandes. Em seguida, o pimentão e os tomates cortados. As cenouras e o aipim inteiros. Coloque a ervilha seca, as espigas de milho, o espinafre e a cebola picada. Depois acrescente o frango e a carne cortados em pedaços grandes. Por último dissolva a sopa de cebola com um pouco de cerveja, acrescente à panela o restante da cerveja e cubra todos os ingredientes com água. Tampe a panela e deixe cozinhar por, em média, 1 hora. Coloque a couve e deixe ferver por mais alguns minutos. Está pronto. Sirva bem quente!

Sopa de aipim

1 kg de aipim, 500 g de linguiça fina, 100 g de bacon, 1 copo de caldo de carne, 1 cebola, azeite de oliva, sal

Leve ao fogo uma panela com o aipim, em 4 litros de água, para cozinhar. Deixe cozinhar até que fique macio. Reserve.

Enquanto isso, leve ao fogo outra panela com um pouco de azeite de oliva e refogue o bacon picado. Deixe dourar bem. Agregue a linguiça cortada em rodelas finas e a cebola picada. Misture e deixe refogar um pouco. Mais alguns minutos e adicione à panela o caldo de carne. Deixe cozinhar um pouco em fogo baixo.

Bata no liquidificador os pedaços de aipim com a água em que foram cozidos. Leve essa mistura para a panela do refogado de bacon, linguiça e cebola e deixe ferver um pouco. Depois cozinhe em fogo baixo por mais uns 20 minutos, acerte o sal, e está pronto.

PÃES, CUCAS E BOLOS

Pão de laranja com recheio de goiabada

1 kg de farinha de trigo, 3 ovos inteiros, 2 sachês de fermento biológico seco instantâneo (10 g cada um), ½ xícara de água morna, 5 colheres de sopa de açúcar, sendo que 2 delas serão usadas para preparar o fermento, 1 gema para pincelar, 2 colheres de sopa de manteiga (temperatura ambiente), 1 copo de suco de laranja, raspas de laranja, 500 g de goiabada picada em cubos pequenos

Fermento:

Coloque o fermento em um recipiente, misture 2 colheres de açúcar e ½ xícara de água morna. Tampe e reserve por alguns minutos e logo estará crescido.

Massa:

De um pacote de 1 kg, disponha mais ou menos 700 g de farinha de trigo em uma bacia grande (reserve o restante para quando for amassar o pão) e faça um buraco no centro da farinha.

Junte o fermento, os ovos, as raspas de laranja, as 3 colheres de açúcar, a manteiga e, aos poucos, agregue o suco de laranja para sentir a massa desgrudar das mãos.

Acrescente a farinha restante aos poucos, até que a massa desgrude das mãos. Disponha a massa em uma superfície lisa para dar uma boa amassada.

Depois de amassar, coloque a massa em um recipiente, que deve ser coberto, e deixe descansar por uma hora, tapado e em ambiente aquecido, para dobrar de tamanho.

Depois que a massa crescer, ela deve ser sovada numa superfície lisa por alguns minutos. Use o restante da farinha (aqueles 300 g que sobraram no primeiro item) para polvilhar a superfície e a massa.

Divida a massa em duas partes, de modo que resulte em dois pães de igual tamanho. Abra cada uma das massas e recheie com os pedacinhos de goiabada, enrolando as massas em forma de pão.

Coloque em uma forma de bom tamanho, untada e enfarinhada, as duas massas recheadas para crescer (cobertas por um pano), durante 30 minutos, também em ambiente aquecido.

Após crescidos os pães, pincele com uma gema de ovo batida, para dar cor ao pão quando assado. Leve ao forno médio (180 graus) durante 40 minutos. Retire do forno, deixe esfriar... e corra para a "hora do sacrifício"!

Dica: Não abra o forno enquanto o pão está assando. Concluído o tempo de forno, espete um palito no pão para conferir se sairá seco e ter certeza de que o pão já está assado. Caso o palito saia úmido, é necessário mais alguns minutos para o pão assar.

Bolo de milho

3 xícaras de farinha de milho, ¾ de xícara de óleo, 1 e ½ xícara de açúcar, 1 xícara de leite , 3 ovos, 1 colher de sopa de fermento químico

No liquidificador, coloque os ovos, acrescente o óleo e o leite. Bata e, em seguida, adicione a farinha de milho e o açúcar. Por último, o fermento em pó. Acrescentado o fermento, a ideia é dar uma leve misturada – sem bater muito.

Despeje em uma forma untada e enfarinhada e leve ao forno médio preaquecido (180 graus) por aproximadamente 40 minutos. E o bolo de milho estará pronto.

Massa de cuca

Para 3 cucas:
3 colheres de sopa de fermento biológico seco, 9 colheres de açúcar, 3 xícaras de leite morno, 5 colheres de sopa de manteiga, 5 ovos, 1 colher de chá de sal, 1 colher de chá de noz-moscada, 750 g de farinha de trigo, 1 sachê de melhorador de massa (opcional)

Em um recipiente, coloque as 3 colheres de sopa de fermento, 3 colheres de sopa de açúcar e duas xícaras de leite. Dê uma leve mexida e cubra com um pano, deixando fermentar por 15 minutos em um lugar com temperatura ambiente aquecida.

Quando essa mistura estiver fermentada, acrescente os ovos, a manteiga, o sal, a noz-moscada. Aos poucos vá acrescentando a farinha peneirada e vá batendo a massa com uma colher de pau. A massa será toda batida, mas não deve ficar muito mole. Vá acrescentando a farinha e o restante do leite que ainda está reservado. Se precisar, acrescente mais um pouco de leite. Distribua a massa em três formas de tamanho médio devidamente untadas e enfarinhadas. Deixe descansar até que dobrem de volume.

Depois que dobrou de volume, chega a hora de rechear.

Dica: Cobrir as formas com um pano e colocá-las em ambiente quentinho ajuda a crescer!

Sugestões de recheios:

Cocada: picar cocadas pretas e brancas e distribuir por cima da cuca.

Doce de leite: colocar colheradas de doce de leite e distribuir por cima da cuca.

Linguiça: retirar a pele da linguiça (300 g) e picar, refogando. Retirar a gordura do refogado e colocar a linguiça por cima da cuca.

Farofa das cucas:

1 xícara de chá bem cheia de açúcar, 1 xícara de chá bem cheia de farinha de trigo, 4 colheres de manteiga e 1 colher de sopa de canela (ou quantidade a gosto).

Finalização:

Misture todos os ingredientes e cubra as cucas com a farofa. Leve ao forno a 180 graus por 40 minutos ou até que ao espetar um palito ou garfo na massa este saia seco.

Pão mágico

1 ovo, 50 ml de óleo, ½ colher de sopa de fermento biológico, 190 ml de leite morno, 1 e ½ xícara de farinha de trigo, 1 pitada de sal, 1 colher de sopa de açúcar, margarina para untar

Bata o ovo, o óleo e adicione o fermento e o leite morno. Misture a farinha, o sal e o açúcar e acrescente a mistura batida. A massa ficará mole, muito semelhante à massa de bolo. Deixe descansar por 20 minutos ou até que cresça. Unte uma forma de bolo inglês com margarina e polvilhe com farinha.

Na sequência, leve o pão para assar entre 30 e 40 minutos no forno a 180 graus já preaquecido.

Bolo de cenoura recheado

3 ovos, ½ xícara de óleo, 2 xícaras de açúcar, 3 cenouras médias, 1 colher de sopa de fermento químico, 1 lata de leite condensado, 1 colher de sopa de manteiga, 4 colheres de sopa de achocolatado, farinha de trigo

Em uma panela, coloque o leite condensado com o achocolatado e a manteiga. Misture bem e leve ao fogo baixo, mexendo sempre até desprender do fundo da panela (cerca de 10 minutos). Retire do fogo, passe para um prato untado com manteiga e deixe esfriar. Com as mãos untadas, enrole em bolinhas e passe-as na farinha de trigo. Reserve.

No liquidificador, coloque 3 ovos, ½ xícara de óleo, 2 xícaras de açúcar e 3 cenouras médias. Peneire 2 xícaras de farinha de trigo e uma colher de sopa de fermento químico. Misture o líquido com o seco. Coloque a massa na forma untada e enfarinhada.

Antes de levar ao forno, adicione os brigadeiros reservados para rechear o bolo.

Leve ao forno médio a 180 graus por 35 a 40 minutos.

Bolo calda de laranja

Calda:
2 copos de suco de laranja, 1 e ½ copo de açúcar, 1 colher de sopa de margarina

Comece pela calda, colocando os ingredientes em uma panelinha e misturando tudo. Leve ao fogo até levantar fervura, baixe o fogo e deixe cozinhar por uns 5 minutos.

Massa:
150g de margarina sem sal, 2 ovos, 1 copo de açúcar, 1 copo de suco de laranja, 3 copos de farinha de trigo, 1 colher de sopa de fermento químico, 1 colher de sopa de margarina para untar a forma

Enquanto ferve a calda, prepare a massa. Bata na batedeira a margarina, o açúcar e os ovos. Bata bem até formar um creme branco.

Peneire a farinha de trigo com o fermento e misture, fora da batedeira, ao creme branco, aos poucos. Uma colher por vez. Misture sempre e acrescente também, aos poucos, o suco de laranja. Você vai ter uma massa uniforme e lisa, bem cremosa.

Unte com a margarina uma forma que tenha um cone no centro. Arrume a massa na forma e acrescente a calda, pode ser ainda quente, por cima.

Leve o bolo calda de laranja para o forno de 160 graus, forno brando e preaquecido, por em média 1 hora. Espere amornar para desenformar. O bolo fica macio e a calda de laranja muito saborosa. O efeito é fantástico. Experimente.

BOLO NATUREBA

2 maçãs inteiras e com as cascas, 3 ovos, 2 xícaras de açúcar mascavo, 1 xícara de óleo, 2 xícaras de farinha de trigo integral, 1 xícara de aveia em flocos, 1 colher de sopa de fermento químico, 1 colher de sopa de canela em pó

No liquidificador, bata os ovos, o açúcar mascavo, o óleo e as cascas das maçãs.

Numa tigela misture a farinha integral com a aveia, a canela, o fermento e a mistura do liquidificador. Junte à mistura as maçãs picadas.

Em uma assadeira, com furo ou retangular, untada com óleo e farinha integral, coloque a mistura do bolo. Se desejar, coloque na mistura do bolo, junto com as maçãs, passas, castanha-do-pará, nozes e damasco.

Asse em forno preaquecido em 180 graus.

Após assado, salpique uma mistura de açúcar com canela.

Cupcake de maçã da minichef Sofia

3 ovos, ¾ de xícara de óleo, 1 e ½ xícara de açúcar mascavo, 1 e ½ xícara de farinha de trigo integral, cascas de duas maçãs, 1 colher de sopa de canela, 1 colher de sopa de fermento químico

No liquidificador, bata os ovos, o óleo e as cascas das maçãs.

Em outro recipiente misture a canela, o açúcar, a farinha e o fermento.

Junte o líquido que está no liquidificador com os secos e mexa bem, despeje em forminhas untadas e leve ao forno médio preaquecido por cerca de 20 a 30 minutos.

Brownie com creme de avelã da Julia

Brownie:
2 ovos, 1 e ¼ xícara de creme de avelã, ½ xícara de farinha de trigo, 1 colher de sopa de creme de leite

Cobertura:
1 barra de chocolate ao leite, 4 colheres de sopa de creme de leite

BROWNIE:

Coloque em uma vasilha todos os ingredientes da massa e mexa bem até ficar homogêneo.

Em seguida, coloque a massa em uma assadeira retangular ou forma untada e enfarinhada e leve ao forno a 180 graus entre 15 a 20 minutos.

Depois disso, deixe a massa esfriar por 30 minutos.

COBERTURA:

Derreta o chocolate em banho-maria ou no micro-ondas e misture o creme de leite, fazendo um ganache. Coloque como cobertura do brownie.

DICA: Cubra com confeitos coloridos de chocolate.

PIZZA ENROLADA

1 envelope de fermento biológico seco, 1 xícara de chá de leite morno, 4 colheres de sopa de óleo, sal, 2 xícaras de chá de farinha de trigo, 200 g de queijo mozzarella ralado grosso, 100 g de presunto cozido picado, 2 pernas de linguiça fina fatiadas em rodelas, ½ colher de sopa de orégano, 1 cebola média picada, 1 tomate sem pele e sem semente picado, farinha de trigo em um prato reserva para polvilhar a bancada e a massa enquanto sovar.

MASSA:

Em uma tigela, dissolva o fermento no leite. Junte o óleo, o sal e misture bem.

Adicione a farinha, misture bem, com a mão na massa até obter uma massa homogênea. Deixe descansar até dobrar de volume.

Retire a massa da bacia, coloque sobre uma mesa ou bancada enfarinhada e sove.

Na frigideira:

Coloque um pouco de óleo, adicione a linguiça e refogue. Depois adicione a cebola picada e reserve.

Use papel toalha para absorver o excesso de gordura.

Após a massa descansar e dobrar de volume:

Na bancada ou mesa, coloque a massa já crescida. Sove mais um pouco e depois abra a massa com um rolo. Nesta etapa é importante polvilhar a bancada e a massa com a farinha de trigo.

Em um recipiente, fora do fogo, coloque a linguiça que já foi refogada com a cebola, misture o orégano, o queijo e o presunto, preparando o recheio da pizza. Abra a massa no tamanho de um retângulo e espalhe o recheio. Acrescente os pedaços de tomate picado.

Enrole a massa como se estivesse enrolando um rocambole. Fatie em rodelas a pizza, e na sequência coloque as fatias em uma forma untada com manteiga e enfarinhada.

Leve ao forno preaquecido em 180 graus por mais ou menos 30 minutos.

A pizza deve ser servida assim que sair do forno.

Bolo de uvas

4 ovos, 200 g de manteiga sem sal, 1 e ½ xícara de açúcar, 1 xícara de maisena, ¾ de xícara de leite, 1 colher de sopa de fermento químico, ½ xícara de açúcar cristal, 2 xícaras de farinha de trigo, 500 g de uvas pretas, 1 colher de sopa de farinha de trigo

As uvas bem lavadas e secas devem ser retiradas do cacho e colocadas em um recipiente onde serão misturadas com uma colher de farinha. Reserve as uvas.

Bata as claras em neve e reserve.

Bata a manteiga e o açúcar na batedeira até que fique um creme esbranquiçado e bem fofo. Desligue a batedeira (utilize o mesmo recipiente da batedeira para finalizar a massa) e acrescente as gemas, a maisena peneirada e o leite. Misture bem. Acrescente a farinha peneirada e rapidamente bata a massa. Retire da batedeira e acrescente o fermento e as claras em neve e misture delicadamente, para que a massa fique bem homogênea.

Unte com margarina uma forma de fundo removível, de preferência redonda.

Coloque a massa na forma, espalhe bem. Coloque as uvas enfarinhadas e comprima levemente sobre a massa. Distribua o açúcar cristal sobre as uvas. Cubra com papel alumínio e leve ao forno preaquecido, em temperatura aproximada de 200 graus, por aproximadamente 1 hora e meia. Quando faltar 20 minutos para finalizar o tempo, retire o papel alumínio para que o bolo fique dourado.

Espere esfriar e desenforme.

Rolo do Anonymus

500 g de farinha de trigo, ½ xícara de óleo, 1 xícara de leite, 1 envelope de fermento biológico seco, 1 colher de sopa de sal, 1 pitada de açúcar, 1 gema, 100 g de bacon picado, 2 pernas de linguiça calabresa (finas e grossas), 2 tomates sem sementes, 2 cebolas médias picadas, 1 colher de orégano, farinha de reserva (200 g)

Massa:

Comece pela massa. Numa bacia, misture a farinha de trigo peneirada, o fermento, o açúcar, o sal, o óleo e o leite. Pode colocar a mão na massa. Quando ela desgrudar das mãos, coloque-a em cima da mesa e, com um pouco da farinha reservada, se preciso vá polvilhando a mesa e a massa. Amasse e sove até ficar bem homogênea e macia.

Abra a massa com ajuda de um rolo, sempre com um pouco de farinha extra para não grudar. O importante é deixá-la bem fininha.

Recheio:

Na frigideira, coloque o óleo, as cebolas, os tomates, o bacon e as linguiças e frite, deixando refogar. Retire da frigideira e deixe descansar em papel toalha para retirar a gordura.

Conforme for enrolando a massa, vá colocando o recheio em formato de rolo. Para finalizar, pincele o rolo com a gema e polvilhe orégano para dar um toque especial.

Coloque o Rolo do Anonymus em uma forma untada e enfarinhada e leve ao forno preaquecido a 180 graus, em média por 40 minutos. Faça o teste do palitinho para ter certeza de que está assado por dentro. Corra para o sacrifício.

BOLO DE GUARANÁ

5 ovos, 300 ml de refrigerante guaraná, 3 xícaras de farinha de trigo, 1 colher de sopa de fermento químico, 1 lata de leite condensado, 200 ml leite de coco, 1 pacote pequeno de coco ralado, 2 xícaras de açúcar

O primeiro passo é separar as gemas das claras. Em seguida, bata no liquidificador as gemas, o açúcar, o refrigerante e a farinha de trigo. Reserve. Na batedeira, bata as claras em neve e adicione o fermento em pó peneirado. Misture delicadamente e incorpore essas claras à massa reservada.

Mexa e despeje em uma forma para bolo com furo, untada e enfarinhada. Asse em forno médio preaquecido, por uma hora. Retire do forno, deixe amornar para desenformar. Fure a superfície do bolo com um palito e regue com o leite de coco já misturado com o leite condensado. Para finalizar polvilhe o coco ralado.

CUCA DE FRANGO

MASSA:
3 ovos, ½ copo de leite, ½ copo de óleo, 1 copo de requeijão,

3 colheres de sopa de queijo ralado, 2 copos de farinha de trigo, 1 colher de sopa de fermento químico

Recheio:
300 g de frango, 2 tomates, 1 cebola, mostarda, alecrim, 1 copo de caldo de frango, 1 colher de sopa de farinha de trigo

Farofa:
4 colheres de sopa de farinha de rosca, 4 colheres de sopa de queijo ralado, 1 colher de sopa de manteiga

Inicie pelo recheio, fervendo e desfiando o frango. Depois, refogue-o junto com a cebola, os tomates, o caldo, a mostarda, o alecrim e a farinha de trigo. Cozinhe bem, até que reduza um pouco e engrosse o molho. Deixe esfriar.

No liquidificador, prepare a massa. Bata todos os ingredientes. Use apenas a metade do requeijão, reservando a outra metade para a finalização. Deixe o fermento por último: depois de bater bem os ingredientes, agregue a colher de fermento.

A montagem do prato é feita em camadas, num refratário previamente untado e enfarinhado com a farinha de rosca. Para a primeira camada, no fundo do prato, coloque a metade da massa do liquidificador. Por cima, adicione o recheio e, sobre ele, a outra metade do copo de requeijão, em colheradas. A seguir, a camada final com a outra metade da massa. Para o acabamento, deve ser espalhada, por cima de tudo, a farofa feita com a mistura de farinha de rosca, queijo ralado e uma colher de manteiga.

Leve ao forno por 1 hora a 180 graus.

BOLO ROMEU E JULIETA

3 ovos inteiros, ½ copo de óleo, 1 copo de leite, 1 copo de açúcar, 1 e ½ copo de fubá fino, 1 pitada de sal, 1 colher de sopa de fermento químico, 50 g de queijo parmesão ralado

Cobertura:
200 g de creme/chimia de goiabada

No liquidificador, comece batendo os ingredientes líquidos (ovos, óleo, leite) e o açúcar. Desligue, adicione o sal e metade da farinha de milho. Bata novamente até que a mistura esteja homogênea para acrescentar a outra metade da farinha e o queijo ralado. O fermento entra por último: bata somente o tempo de misturá-lo.

Depois de pronto, coloque a massa numa forma untada e devidamente enfarinhada, de preferência com furo no meio, para assar uniformemente.

Leve ao forno preaquecido a 180 graus, por 40 minutos.

Para a cobertura, coloque o doce cremoso numa tigela e leve ao micro-ondas por 30 segundos.

Após desenformar o bolo coloque a cobertura.

CUCA MAJESTOSA

Massa:
4 ovos, ½ xícara de chá de óleo, 200 ml de iogurte natural, essência de baunilha, 2 xícaras de açúcar, 3 xícaras de farinha de trigo, raspas de casca de limão, 1 colher de sopa de fermento químico

Cobertura:

1 abacaxi descascado e picado em cubos pequenos, 3 colheres de sopa de açúcar, 100 g de coco ralado

Farofa:

½ xícara de açúcar, 6 colheres de sopa de farinha de trigo, 2 colheres de sopa bem cheias de manteiga ou margarina

Cobertura:

Leve o abacaxi e o açúcar ao fogo por aproximadamente 5 minutos, até que o abacaxi fique levemente cozido. Peneire o líquido dos pedaços do abacaxi e reserve.

Farofa:

Misture todos os ingredientes até formar uma farofa.

Montagem:

Unte uma forma redonda e forre com papel manteiga. Prepare a cobertura de abacaxi e reserve para esfriar. Prepare a farofa e reserve. Para fazer a massa, em um recipiente misture os ovos, o iogurte, o óleo e a baunilha. Misture bem. Na sequência, junte o açúcar e bata levemente. Incorpore a farinha e o fermento, as raspas de limão e misture novamente.

Coloque a massa na forma. Distribua o abacaxi sobre a massa de modo uniforme. Acrescente sobre o abacaxi o coco ralado e, por último, cubra com a farofa.

Leve ao forno preaquecido a 180 graus por aproximadamente 50 minutos. Em caso de dúvida espete um palito para ver se a cuca está assada.

ROCAMBOLE MÁGICO

3 claras, 3 gemas, 10 colheres de sopa de água, 12 colheres de sopa de açúcar, 12 colheres de sopa farinha de trigo, 1 colher de sopa de fermento químico, 2 tabletes de margarina, 1 e ½ lata de leite condensado, açúcar de confeiteiro

Na batedeira, coloque as claras e bata em neve. Acrescente as gemas e bata mais um pouco, em seguida adicione o açúcar, de colher em colher, e continue batendo.

Depois disso, coloque a água, de colher em colher, sempre batendo. Por último acrescente a farinha, em colheradas, e termine de bater. Retire da batedeira e acrescente o fermento, mexendo levemente com uma colher.

MONTAGEM:

Use uma forma retangular e unte com 2 tabletes de margarina, de modo que fique uma camada bem consistente ao fundo da forma e também nas laterais. Acrescente o leite condensado e a massa do rocambole por último. Leve ao forno a 180 graus de 30 a 40 minutos.

Depois desse tempo, retire do forno e deixe 5 minutos amornando. Pegue um pano de copa, umedeça e salpique com açúcar cristal ou refinado. Vire o rocambole no pano e vá enrolando firme com a ajuda do pano.

Coloque em uma travessa e peneire açúcar de confeiteiro. Está pronto o Rocambole mágico.

PRETZEL: PÃO TRADICIONAL ALEMÃO

MASSA:

1 sachê de fermento biológico instantâneo seco (10 g), 1 colher de sopa de açúcar, 100 ml de água morna para a fermentação, 2 litros de água para a fervura, 1 colher de sopa de bicarbonato de sódio, 500 g de farinha de trigo, 250 ml a 300 ml de água morna para a massa, 1 pitada de sal

Misture o fermento biológico, 1 colher de sopa de açúcar e 100 ml de água morna. Deixe em um ambiente seco e tampado até dobrar de volume. Reserve.

Misture 2 litros de água e uma colher de bicarbonato e coloque para ferver. Quando levantar fervura, desligue o fogo e reserve.

Misture o fermento (já dobrado o volume), a farinha, o sal e vá acrescentando água morna até acertar o ponto da massa. A massa fica bem leve. Depois disso misture a massa com a mão. Sove e deixe dobrar de tamanho, sempre tapando com um pano.

Após dobrar de volume, sove novamente. Pegue um pouco da massa para fazer rolinhos, com cerca de 30 cm de comprimento cada um, e vá modelando os pretzels.

Deixe descansar por 15 minutos e já pode banhá-los na água fervida com bicarbonato por 30 segundos.

Leve ao forno, e em aproximadamente 20 minutos estará pronto.

DICA I – para pretzels salgados: antes de ir ao forno, com uma faca faça umas fendas e largue sal grosso. Outra opção é pincelar óleo e manteiga, depois colocar queijo ralado e salsinha seca ou fresca ou orégano.

Dica II – para pretzels doces: faça uma mistura de água com açúcar para pincelar no pretzel, assim a cobertura vai aderir melhor. Após saírem do forno pode-se rechear com doce de leite, brigadeiro ou açúcar com canela.

BOLO BOTAFOGO

2 ovos, 1 xícara de açúcar, 1 xícara de óleo, 2 xícaras de farinha de trigo, ½ xícara de cacau em pó, 1 colher de sopa de fermento químico, 2 xícaras de leite (1 vai na massa do bolo, e a outra vai na cobertura), 1 lata de leite condensado, 200 g de coco ralado fresco

Com o auxílio de um fouet, bata os ovos com o açúcar. Adicione 1 xícara de leite e o óleo. Na sequência, junte a farinha, o cacau e o fermento bem peneirados. Disponha em uma forma untada e polvilhada com cacau em pó e asse em forno preaquecido em 250 graus, por aproximadamente 25 minutos.

Em uma panela, junte a outra xícara de leite, o leite condensado e o coco. Leve ao fogo médio, mexendo até a mistura engrossar e o coco cozinhar. Depois disso, deixe esfriar por 15 minutos.

Retire o bolo do forno, faça furos médios para a cobertura penetrar no bolo e cubra com a mistura de coco. A nossa dica é deixar esfriar e refrigerar por 2 horas antes de servir.

Pãozinho de churrasco

8 pães cacetinhos, cebola picada, tomate sem pele picado, alho picado, 3 colheres de sopa de maionese, 3 colheres de sopa de requeijão, salsinha picada, queijo ralado

Comece misturando todos os ingredientes até formar um creme.

Corte os pães sem chegar ao final, recheie e leve ao forno até gratinar.

Panetone e chocotone

Esponja:
300 g de farinha de trigo, 400 ml de água morna, 50 g de fermento biológico seco

Misture tudo e espere fermentar no mínimo 15 minutos para crescer.

Massa:
800 g de farinha de trigo, 400 g de mistura para panetones, 400 ml de água morna, 9 gemas, 10 g de sal, 400 g de frutas cristalizadas, 400 g de gotas de chocolate

Em um recipiente, misture os ingredientes da esponja e deixe crescer.

Junte as gemas, a água, a mistura para panetone e o sal, misturando bem até ficar homogêneo. Adicione a farinha na mistura e bata a massa.

Divida a massa em duas partes. Unte com bastante óleo a mesa ou bancada. Abra uma das metades da massa e coloque as frutas, pegando bolas desta mistura e colocando em formas para panetones.

Na outra metade da massa, misture as gotas de chocolate e vá dividindo em bolas de massa para colocar nas formas de chocotone. Deixe crescer por em média 50 minutos.

Coloque em forno preaquecido a 180 graus e asse em temperatura de 160 graus, por cerca de 45 minutos.

Pãozinho de batata-doce

1 xícara de batata-doce cozida e esmagada com um pouco de leite, ½ xícara de açúcar, 2 ovos, 10 g de fermento biológico seco, 4 xícaras de farinha de trigo (aproximadamente), 2 colheres de sopa de manteiga, 1 xícara de leite morno

Em um recipiente, coloque o fermento, 1 colher de sopa de açúcar e o leite morno, deixe fermentar até dobrar o volume (efeito esponja).

Em uma tigela, coloque a esponja, o açúcar, os ovos, a manteiga (derretida por 20 segundos no micro-ondas), e a batata-doce espremida. Misture e vá adicionando as 4 xícaras de farinha de trigo peneiradas, misture com a mão, passe a massa para a bancada e sove. Deixe a massa descansar e crescer até dobrar de volume.

Sove e boleie os pãezinhos, coloque em uma forma untada e enfarinhada, pincele com 2 ovos batidos levemente, deixe crescer e leve ao forno a 180 graus por 40 ou 50 minutos.

Torta Iberê

Recheio:

100 g de coco ralado seco, 100 g de açúcar, 1 lata de abacaxi picado sem a calda ou 1 abacaxi in natura, 1 colher de sopa de manteiga sem sal, 1 pacote de gelatina em pó sabor abacaxi

Pão de ló:

4 ovos, 150 g de farinha de trigo peneirada, 150 g de açúcar, açúcar de confeiteiro

Recheio:

Em uma panela coloque o abacaxi, o coco ralado, o açúcar, a gelatina e a manteiga.

Leve ao fogo baixo e quando iniciar a fervura está pronto. Deixe esfriar!

Pão de ló:

Bata os ovos na batedeira até espumarem. Acrescente o açúcar incorporando ar até que a massa "escreva". Adicione a farinha peneirada de baixo para cima. Coloque em uma forma de 20 cm de diâmetro untada e enfarinhada. Leve ao forno preaquecido a 180 graus por 20 minutos. Deixe o pão de ló esfriar, corte ao meio e coloque o recheio que já estará reservado. Decore com açúcar de confeiteiro peneirado.

Torta Mima

1 embalagem de massa folhada pronta, 100 g de manteiga resfriada, 100 g de chocolate meio amargo cortado grosseiramente, 100 g de farinha de trigo, 100 g de açúcar, 100 g de morangos picados ao meio, 4 ovos, 15 g de fermento químico (uma colher de sopa bem farta)

Abra a massa folhada com um rolo em formato redondo e deixe 5 cm maior que o diâmetro da forma.

Misture todos os ingredientes na ordem: ovos, manteiga, açúcar, farinha, chocolate, morangos e por último o fermento. Disponha o recheio dentro da massa folhada aberta, dobrando o excesso de massa sobre o recheio ou enrolando o excesso em volta da torta.

Coloque no forno a 180 graus por 38 minutos.

Bolo da Páscoa

Massa:
200 g de chocolate meio amargo, 120 g de farinha de trigo, 160 g de açúcar de confeiteiro, 6 gemas, 6 claras, 90 g de manteiga, 1 pitada de sal, ovinhos pequeninos de páscoa, bombons

Cobertura:
100 g de chocolate de sua preferência (usamos o chocolate branco), 100 g de creme de leite sem soro

Derreta o chocolate em banho-maria. Fora do fogo, acrescente a manteiga.

Acrescente o açúcar de confeiteiro, mexendo bem. Misture uma gema de cada vez, tomando o cuidado de somente misturar a próxima quando a anterior estiver bem incorporada. Misture a farinha com a pitada de sal. Bata as claras em neve e acrescente à massa. Coloque a massa em uma forma untada e enfarinhada e leve ao forno a 180 graus por aproximadamente 50 minutos.

Cobertura:

Derreta o chocolate no micro-ondas. Acrescente o creme de leite. Misture e cubra o bolo.

Decoração:

Ovinhos de páscoa, morangos, raspas de chocolate.

Bolo de iogurte

Massa:

1 xícara ou 150 g de manteiga em temperatura ambiente, 1 e ½ xícara ou 230 g de açúcar, 2 ovos, 1 e ½ xícara ou 2 potes de iogurte natural, suco de ½ limão, 2 e ½ xícaras ou 260 g de farinha de trigo, ½ colher de chá ou 2 g de bicarbonato de sódio, 1 pitada de sal, 1 colher de chá ou 6 g de fermento químico

Cobertura:

2 xícaras ou 200 g de açúcar de confeiteiro, 5 colheres de sopa de leite, raspas de limão

Em um recipiente, misture a manteiga e o açúcar até obter um creme esbranquiçado. Acrescente os ovos, mexendo por mais alguns minutos. Adicione o iogurte, o suco, a farinha de trigo peneirada, o bicarbonato de sódio, o sal e o fermento até obter uma massa homogênea.

Em uma forma com buraco no meio, untada com manteiga e polvilhada com farinha, leve ao forno preaquecido a 180 graus, de 40 a 45 minutos, ou até que enfiando um palito no centro ele saia limpo. Deixe amornar e desenforme.

Cobertura:

Em uma tigela, misture o açúcar com o leite até obter uma pasta mole. Despeje sobre o bolo e decore com raspas de limão.

Torta de inverno

Massa:
200 g de farinha de trigo, 100 g de manteiga gelada cortada em cubos, 1 ovo, 1 colher de sopa de água, 20 g de açúcar, 1 colher de sobremesa de sal, 1 colher de chá de essência de baunilha, farinha de trigo para polvilhar a bancada e finalizar a massa

Recheio:
8 maçãs fuji cortadas em gomos, suco de ½ limão

Caramelo:
150 g de açúcar, ½ xícara de manteiga

Massa:

Coloque a farinha de trigo em uma superfície plana. Junte a manteiga gelada em cubos e amasse com a ponta dos dedos, até obter uma farofa bem fina. Faça um vão no centro, coloque o ovo, a água, o açúcar, o sal, a essência de baunilha e misture, incorporando os ingredientes de fora para dentro.

Trabalhe a massa delicadamente, empurrando-a para a frente. Repita o processo por duas vezes e deixe-a descansar na geladeira por uns 30 minutos.

Recheio:

Descasque as maçãs, corte-as ao meio e retire as sementes. Corte cada metade em fatias grossas. Coloque as maçãs cortadas dentro de um recipiente com água e suco de limão para evitar a oxidação.

Caramelo:

Derreta o açúcar em fogo baixo, cuidando para que não fique muito escuro, mas bem dourado. Acrescente a manteiga, sem deixar escurecer, misture e vire o caramelo no fundo de uma forma redonda antiaderente.

Disponha sobre o caramelo as fatias de maçã, bem juntas uma da outra, sem deixar folga e até cobrir totalmente a forma. Asse em forno médio a 180 graus por cerca de 25 minutos.

Em uma superfície enfarinhada, abra a massa deixando-a uns dois centímetros maior do que a forma.

Passado o tempo necessário, retire a forma do forno e cubra-a com a massa, tendo o cuidado de recolher a borda para dentro da forma, com a ajuda de uma colher ou garfo, assim formará a borda de massa da torta.

Com um garfo, faça alguns furos na massa, leve ao forno e asse por mais 25 a 30 minutos, até dourar. Desenforme ainda quente com a massa para baixo. Pode ser servida quente ou em temperatura ambiente.

Pode ser acompanhada de uma colherada de nata ou sorvete.

Pão de leite condensado

1 kg de farinha de trigo, 4 ovos em temperatura ambiente, 1 xícara de leite, ½ xícara de óleo, 2 envelopes ou 2 colheres de sopa de fermento biológico seco, 1 lata de leite condensado, 1 gema para pincelar

Primeiro, bata no liquidificador os ovos, o leite, o óleo, o fermento e o leite condensado.

Em um recipiente, coloque a mistura do liquidificador e aos poucos misture a farinha, peneirando-a. Com uma das mãos, misture tudo muito bem. Se a massa ficar muito mole, acrescente um pouco mais de farinha. Se ficar muito seca, acrescente um pouco mais de leite. A massa deve desgrudar das mãos e ficar bem uniforme.

Depois, divida a massa em três pedaços e coloque em uma forma retangular para pão untada e enfarinhada.

Deixe os pães descansando por 30 minutos. Pincele gema de ovo por cima de cada um e leve-os ao forno preaquecido a 180 graus em média por 40 minutos.

Pão de liquidificador

2 ovos em temperatura ambiente, 2 envelopes ou 2 colheres de sopa de fermento biológico seco, 2 colheres de sopa de açúcar, 1 colher de chá de sal, 1 xícara de óleo, 2 e ½ xícaras de água morna, 800 g de farinha de trigo, 1 gema para pincelar

Primeiro, bata no liquidificador o óleo, a água morna, os ovos, o açúcar e o sal. Abra o liquidificador, coloque o fermento e bata novamente.

Em um recipiente, peneire a farinha e coloque a mistura do liquidificador e, aos poucos, com as mãos, misture tudo muito bem. A massa deve desgrudar das mãos e ficar bem uniforme.

Depois, divida a massa em dois pedaços e coloque em formas para pão untadas e enfarinhadas.

Deixe os pães descansando por 30 minutos para dobrar de tamanho. Pincele a gema de ovo por cima de cada um e leve-os ao forno preaquecido a 180 graus por, em média, 40 minutos ou até que o pão fique dourado e a massa assada.

Pão napolitano

10 g de fermento biológico instantâneo seco, 200 ml de água morna, 500 g de farinha de trigo + 1 xícara para dissolver o fermento, 3 colheres de sopa de açúcar, 1 ovo, 100 g de manteiga em temperatura ambiente, sal a gosto,

200 g de presunto em fatias, 2 tomates cortados em rodelas, 250 g de queijo mozzarella em fatias, orégano a gosto, 1 gema para pincelar

Em um recipiente, coloque a água, o fermento, 1 xícara de farinha, o açúcar e misture bem. Reserve por 20 minutos ou até dobrar de volume.

Coloque o ovo, a manteiga e misture bem. Adicione a farinha aos poucos e depois o sal.

Misture tudo e sove. Descanse a massa por mais 30 minutos.

Abra a massa em uma superfície enfarinhada. Disponha o presunto, o tomate, o queijo e o orégano. Enrole a massa envolvendo o recheio e feche bem. Disponha em uma forma untada. Pincele a gema batida e leve ao forno a 180 graus e asse por 35 a 40 minutos.

Cuquinha gaúcha

3 ovos, 1 e ½ xícara de açúcar, ½ xícara de óleo, ½ xícara de leite, 4 xícaras de farinha de trigo, 3 colheres de chá de fermento químico, 600 g de doce de leite, 50 g de manteiga cortada em cubinhos, 1 pitada de sal, 1 colher de chá de canela em pó

No liquidificador, bata os ovos, 1 xícara de açúcar, o óleo e o leite. Disponha em uma tigela e agregue 3 xícaras de farinha de trigo. Misture bem. Incorpore 2 colheres de chá de fermento químico. Disponha a mistura em duas formas untadas e enfarinhadas.

Coloque colheradas de doce de leite sobre a mistura. Reserve.

Em uma tigela, disponha o restante da farinha de trigo (1 xícara), o restante do açúcar (½ xícara), a manteiga, uma pitada de sal, a canela em pó e o restante de fermento (1 colher de chá).

Agregue todos os ingredientes amassando com a ponta dos dedos até formar uma farofa.

Cubra a mistura das formas com a farofa.

Leve ao forno preaquecido a 180 graus e asse por 30 minutos.

Bolo pudim

Pudim:
1 lata de leite condensado, 3 ovos, 1 xícara de leite, 150 g de chocolate meio amargo derretido

Bolo de cenoura:
3 ovos, 1 xícara de óleo, 2 cenouras pequenas picadas, ½ xícara de leite, 1 e ½ xícara de açúcar, 2 xícaras de farinha de trigo, 1 colher de sopa de fermento em pó

Calda:
1 colher de sopa de manteiga, 1 xícara de chocolate em pó 50% cacau, ½ xícara de açúcar, ½ xícara de leite

Pudim:

Primeiro de tudo, derreta o chocolate no micro-ondas e deixe esfriar um pouco, antes de entrar no liquidificador.

Em seguida, no liquidificador, bata todos os ingredientes do pudim, até formar uma mistura homogênea. Reserve.

Bolo de cenoura:

No liquidificador, bata bem os ovos, o óleo, as cenouras, o leite e o açúcar. Transfira para um recipiente e acrescente a farinha de trigo peneirada e o fermento em pó. Misture bem.

Coloque a mistura do bolo de cenoura em uma forma com furo central, previamente caramelada. Por cima, despeje a mistura do pudim, delicadamente.

Leve ao forno a 180 graus por cerca de 50 minutos ou até que a superfície esteja assada e firme.

Etapa final na geladeira:

Retire do forno com cuidado, espere esfriar, leve à geladeira por 2 horas e desenforme.

Calda:

Em um recipiente de bordas altas, próprio para micro-ondas, misture todos os ingredientes da calda e leve ao micro-ondas por 5 minutos, em potência média.

Na hora de servir, espere que a calda esfrie e sirva sobre o bolo pudim gelado.

Bolo Rústico Natalino

Massa:
2 ovos, 2 bananas-prata maduras, ⅔ de xícara de óleo de milho, 1 xícara açúcar mascavo, ½ xícara de melado de cana, 1 colher de sobremesa de canela em pó

Recheio:
2 xícaras de farinha de trigo, 1 colher de chá rasa de canela em pó, 1 colher de chá rasa de cravo-da-índia moído, 1 colher de café de gengibre moído ou in natura ralado, 1 colher de café de noz-moscada ralada, 1 colher de café de sal, 1 colher de sopa de fermento em pó químico, 1 xícara de passas de uvas brancas e pretas, 1 xícara de frutas cristalizadas, ½ xícara de nozes picadas, ½ xícara de damascos picados

Cobertura:
300 g de açúcar de confeiteiro, 5 a 6 colheres de sopa de leite fervente, frutas secas para enfeitar

Massa:

Bata todos os ingredientes da massa no liquidificador e reserve.

Recheio:

Peneire todos os ingredientes secos, junte as frutas e adicione a massa do bolo previamente reservada misturando tudo delicadamente. Transfira a massa para uma forma com furo no centro, previamente untada e enfarinhada.

Leve ao forno previamente aquecido a 180 graus, durante 45 minutos ou até que, espetando um palito, este saia limpo.

Cobertura:

Após o bolo esfriar, prepare a cobertura misturando ao açúcar de confeiteiro colheradas de leite fervente. Vá adicionando o leite fervente, aos poucos, até obter uma consistência grossa e firme da mistura e possa cobrir o bolo, enfeitando com frutas secas. Está pronto.

Dica: Economize no leite para manter a mistura densa.

Pãezinhos de iogurte

4 ovos, 1 copo de iogurte natural, 1 xícara de açúcar, 1 pitada de sal, 1 xícara de leite morno, ½ xícara de óleo, 2 colheres de sopa de fermento biológico seco, 7 xícaras de farinha de trigo (reserve um pouco de farinha, caso seja necessário), 2 gemas para pincelar

Em um recipiente, coloque os ovos, o iogurte natural, o açúcar, o sal e o leite. Misture com o auxílio de um fouet ou colher para dissolver bem. Adicione o óleo, o fermento e a farinha aos poucos.

Quando você não conseguir mais misturar com o fouet ou com a colher, coloque a massa em uma mesa ou bancada e comece a sovar levemente.

Coloque em um recipiente e deixe descansar por 1 hora para dobrar de volume.

Após a massa ter dobrado de volume, modele os pãezinhos. Distribua em uma forma untada e enfarinhada, pincele a gema e leve para o forno preaquecido a 180 graus por 40 minutos. Sirva os pãezinhos com manteiga ou geleia de sua preferência.

Bolo felpudo

150 g de manteiga cortada em cubos, 2 xícaras de açúcar, 4 ovos, 2 xícaras de farinha de trigo, 1 colher de sopa de fermento químico, ½ xícara de leite, 1 vidro (200 ml) de leite de coco, farinha para polvilhar, manteiga para untar

Cobertura:
1 xícara de leite, 200 g de coco ralado, 1 lata de leite condensado

Bata as claras em neve e reserve. Bata a manteiga com o açúcar e as gemas até ficar um creme fofo e esbranquiçado. Junte a farinha peneirada com o fermento, alternando com o leite e o leite de coco. Misture as claras em neve delicadamente à massa.

Despeje a massa em uma forma retangular untada e enfarinhada.

Leve ao forno a 180 graus por cerca de 40 minutos. Enquanto isso, hidrate o coco ralado com o leite e reserve.

Retire o bolo do forno, fure com um garfo e, ainda quente, na própria forma, cubra com o leite condensado e o coco ralado.

Corte em pedaços e, se quiser, embrulhe em papel alumínio.

Dica: Esse bolo fica delicioso servido gelado.

Bolo rosca

Massa:
2 colheres de sopa de fermento biológico seco, 1 colher de chá de açúcar para dissolver o fermento, ½ xícara de água morna para dissolver o fermento, cerca de 1kg de farinha de trigo, 4 colheres de sopa de açúcar, 1 colher de chá de sal, 2 e ½ xícaras de leite morno, ½ tablete de manteiga ou margarina derretida fria (100 g), 2 ovos batidos, casca de uma laranja ralada

Glacê:
170 g de açúcar de confeiteiro peneirado, 4 colheres de sopa de suco de laranja

Recheio:
200 g de açúcar, 100 g de nozes picadas, 1 colher de sopa de canela em pó

Dissolva o fermento na água com o açúcar. Tampe e deixe crescer até dobrar o volume. De preferência em um local quente.

Massa:

Em um recipiente, peneire o açúcar, o sal e a farinha. Faça uma cavidade no centro e coloque o leite, os ovos, as raspas de laranja, a mistura do fermento, a metade da manteiga, e vá adicionando a farinha.

Aos poucos, empurre a farinha para dentro do centro até que a massa se solte dos lados do recipiente. Se estiver mole e úmida demais, ponha um pouco mais de farinha.

Coloque a massa em uma base polvilhada com farinha e amasse até ficar acetinada. Faça uma bola e coloque em um recipiente. Cubra o recipiente, deixando a massa descansar em um lugar morno até crescer e ficar com o dobro do tamanho. Unte uma forma redonda com fundo removível.

Com delicadeza, aperte a massa com o punho para tirar todo o ar. Divida ao meio. Sobre uma base polvilhada, abra uma das partes da massa formando um retângulo de 30 cm x 20 cm.

Recheio:

Para fazer o recheio, misture muito bem o açúcar, as nozes e a canela.

Pincele a massa com a metade da manteiga que restou. Espalhe metade do recheio sobre a massa. Enrole pelo lado maior do retângulo. Aperte as bordas com os dedos.

Com uma faca afiada, corte o rolo transversalmente em pedaços de 2,5 cm. Arrume em uma forma redonda untada. Faça o mesmo com a outra porção da massa, da manteiga e do recheio.

Cubra e deixe descansar cerca de 30 minutos em um lugar morno até que estejam bem crescidas. Preaqueça o forno a 180/190 graus.

Asse a rosca de 30 a 40 minutos ou até ficar bem dourada. Transfira para um prato e deixe esfriar.

Glacê:

Misture o açúcar de confeiteiro com o suco de laranja para fazer um glacê liso. Espalhe o glacê sobre as roscas e deixe ficar firme.

Bolo derramado

Massa:
3 ovos, 2 colheres de sopa de manteiga, 1 xícara de açúcar, 1 xícara de leite, 2 xícaras de farinha de trigo, 1 colher de sopa de fermento químico

Cobertura:
1 lata de leite condensado, 150 g de manteiga em temperatura ambiente, 100 g de creme de leite, 1 xícara de leite em pó, ½ xícara de leite em pó para polvilhar

Bata o leite, os ovos, a manteiga e o açúcar no liquidificador. Disponha em uma tigela, adicione a farinha peneirada e misture bem.

Junte delicadamente o fermento e disponha em uma forma com furo no meio untada e enfarinhada. Leve ao forno preaquecido a 180 graus por 35 minutos.

Com auxílio de uma batedeira, bata 1 lata de leite condensado com a manteiga. Adicione o creme de leite, misture bem e, aos poucos, junte o leite em pó.

Cubra o bolo com a mistura, preenchendo todo o centro e polvilhe com a ½ xícara de leite em pó.

Cuca romeu e julieta

Massa:
3 ovos, 150 g de manteiga em temperatura ambiente, 4 xícaras de farinha de trigo, 1 e ½ xícara de açúcar,

1 xícara de leite, 1 colher de sopa de fermento químico, 1 limão, 1 pitada de sal

COBERTURA:

400 g de goiabada, 3 colheres de sopa de água, 1 copo de requeijão, 50 g de queijo parmesão ralado

FAROFA:

50 g de manteiga, 2 colheres de sopa de açúcar, 3 colheres de sopa de farinha de trigo, canela a gosto

Misture todos os ingredientes com as mãos até formar uma farofa.

MASSA:

Bata rapidamente os ovos e acrescente a manteiga em temperatura ambiente. Misture bem com o auxílio de uma colher. Agora adicione o açúcar – pode utilizar uma peneira. Rale as raspas de um limão, coloque a pitada de sal, e vá acrescentando a farinha de trigo de sua preferência peneirada e o leite. Misture bem.

É preciso mexer até obter uma massa bem uniforme e lisa. Por fim, adicione o fermento. Em uma forma untada e enfarinhada arrume a massa e reserve.

COBERTURA:

Para a cobertura, você vai utilizar uma panela para derreter a goiabada com a água e o suco do limão. Mexa bem até dissolver a goiabada. Você também poderá fazer esse processo no micro-ondas.

Cubra a cuca com a goiabada derretida. Coloque colheradas de requeijão e a farofa, não importando que fiquem espaços sem o requeijão. Para finalizar, coloque o queijo ralado (já triturado no liquidificador, dica do Anonymus). Leve ao forno preaquecido a 180 graus por 30 a 40 minutos.

Cuca de bergamota

Massa:
2 bergamotas sem casca e sem sementes, 1 ovo, ¼ de xícara de óleo, ½ xícara de água, 1 e ½ xícara de farinha integral, ½ xícara de farinha branca, 1 xícara de açúcar mascavo, 2 colheres de sopa de nata, 1 pitada de sal, 1 sachê de fermento químico

Farofa:
cascas de 2 bergamotas, 5 colheres de sopa de açúcar cristal, 3 colheres de sopa de farinha de trigo, 2 colheres de sopa de óleo, canela a gosto

Geleia:
1 copo de suco de bergamota, ¼ de xícara de chá de açúcar, 2 bergamotas sem sementes, cascas das bergamotas

Massa:

Bata no liquidificador duas bergamotas sem sementes e sem casca, 1 ovo, a nata, o óleo e a água, reserve.

Misture em um recipiente a farinha integral, a farinha branca, o açúcar mascavo e uma pitada de sal. Acrescente a mistura do liquidificador e por último o fermento.

Depois, coloque em uma forma untada e enfarinhada, cubra com a farofa e leve ao forno preaquecido a 180 graus por 30 a 40 minutos ou até que espetando um palito este saia seco.

Farofa:

Bata as cascas das bergamotas no liquidificador para triturá-las, retire do liquidificador e misture o açúcar cristal, a farinha, a canela, o óleo. Faça a farofa.

Geleia:

Coloque as bergamotas a ferver para reduzir e, quando estiver mais cremosa, acrescente as cascas das duas bergamotas picadas em tirinhas. Deixe ferver mais um pouco até engrossar e está pronto.

Após retirar a cuca do forno, espere esfriar e coloque a cobertura da geleia.

Focaccia de frango

2 colheres de sopa de azeite de oliva, 1 cebola média em cubinhos, 2 xícaras de frango cozido e desfiado (200 g), sal a gosto, 2 colheres de chá de páprica picante, 2 colheres de chá de tomilho, 1 e ½ xícara de molho de tomate, 500 g de farinha de trigo, 2 colheres de sopa de fermento biológico seco (20 g), 2 colheres de sopa de açúcar, 300 ml de água, ½ xícara de óleo, 2 colheres de chá de alecrim, 1 xícara de queijo parmesão ralado

Aqueça uma frigideira, regue com azeite, doure a cebola e adicione o frango desfiado. Tempere com sal, páprica e tomilho. Acrescente 1 xícara do molho de tomate e misture bem. Se necessário, pode acrescentar mais molho.

Em um recipiente, peneire a farinha de trigo, misture o fermento e o açúcar. Adicione a água e o óleo aos poucos e mexa bem. Agregue o sal e siga mexendo até obter uma massa linda e grudenta. Disponha a massa em uma forma untada com óleo.

Pincele com o restante do molho de tomate, disponha o refogado de frango e aperte com os dedos para que o frango afunde na massa.

Polvilhe com o alecrim e o queijo ralado, regue com azeite de oliva e deixe crescer por 30 minutos. Asse em forno preaquecido a 180 graus por aproximadamente 40 minutos ou até que a massa esteja dourada.

SOBREMESAS

SURPRESA DE BANANA

CREME DE LEITE:
1 lata de leite condensado, 1 lata de leite, 3 gemas, 1 colher de sopa de margarina, 1 colher de sopa de maisena

MASSA:
1 colher de sopa de farinha de trigo, 100 g de margarina, 1 pacote de bolachas, 4 colheres de sopa de leite

CREME DE BANANA:
5 bananas, 4 colheres de açúcar, suco de um limão, ½ copo de água, colheradas de doce de leite, canela para polvilhar

CLARAS EM NEVE:
3 claras, 6 colheres de sopa de açúcar

CREME DE BANANA:

Caramelize 4 colheres de açúcar em uma panela.

Corte as bananas em rodelas finas e cubra com o suco do limão.

Deixe em fogo baixo até que o caramelo se dissolva e vá acrescentando o meio copo de água.

MASSA:

Bata as bolachas no liquidificador, triture até virar farinha. Coloque em um prato.

Acrescente 1 colher de farinha de trigo e 100 gramas de margarina em temperatura ambiente e continue misturando.

Acrescente 4 colheres de sopa de leite e amasse com as mãos.

CREME DE LEITE:

Misture os ingredientes, exceto a margarina, e leve ao fogo sempre mexendo até que engrosse.

Desligue o fogo e reserve. Acrescente 1 colher de margarina e misture bem.

CLARAS EM NEVE:

Primeiro bata bem as claras até que fiquem em neve, depois acrescente o açúcar e bata por aproximadamente uns 5 minutos.

MONTAGEM EM FORMA DE FUNDO REMOVÍVEL:

Coloque a massa feita com as bolachas até forrar todo o fundo da forma e também as laterais na altura de 1 cm.

Acrescente uma camada das bananas caramelizadas, uma camada de doce de leite e uma camada do creme de leite. Finalize com as claras em neve e polvilhe um pouco de canela. Leve ao forno médio a 180 graus por aproximadamente 15 minutos.

Deixe na geladeira até o momento de servir.

MARSHMALLOW AO FORNO DO ALARICO

Forre um prato refratário com chocolate em pedaços. Cubra com marshmallow e leve ao forno por 20 minutos.

Coma quente acompanhado por bolachas.

Bolacha gigante do Alarico

Bolacha:
400 g de bolacha recheada de chocolate, 1 bolo básico de chocolate

Brigadeiro:
2 latas de leite condensado, 2 colheres de sopa de margarina, 5 colheres de sopa de achocolatado

Recheio da bolacha gigante:
1 lata de leite condensado, creme de recheio retirado das bolachas recheadas, 1 colher de sopa de margarina

Bolacha:

Primeiro abra as bolachas recheadas uma a uma, retirando o recheio e reservando em um prato. As bolachas devem ser trituradas no liquidificador.

Faça um creme para brigadeiro com duas latas de leite condensado na panela, a margarina e o achocolatado, cozinhe mexendo sempre até que desgrude da panela, com consistência mole. Reserve para esfriar.

Esfarele o bolo de chocolate.

Misture o brigadeiro com a bolacha triturada e o bolo esfarelado, resultando em uma massa uniforme que desgruda da mão. Divida em duas partes de igual tamanho.

Uma das partes vai para a forma redonda com fundo removível.

Recheio:

Misture uma lata de leite condensado, uma colher de margarina e leve ao fogo.

Quando estiver desgrudando do fundo da panela, acrescente o creme de recheio das bolachas que estava reservado.

Misture bem e reserve o creme, deixando esfriar.

MONTAGEM:

Na forma de fundo removível, modele uma das metades da massa preparada, acrescente o recheio branco já frio e leve para a geladeira durante 4 a 6 horas.

Retire da geladeira e modele a outra parte da massa. Dessa forma temos a bolacha gigante montada. Para desenformar é só abrir a forma de fundo removível, usando a parte do fundo da forma como prato!

TORTA LINDA

300 g de manteiga sem sal, 250 g de açúcar, 450 g de farinha de trigo, 150 g de chocolate em pó, 4 ovos, 1 colher de sopa de fermento químico, 4 xícaras de leite, 2 colheres de sopa de maisena, 1 lata de leite condensado

MASSA:

Comece pela massa. Misture o açúcar, o chocolate em pó e a farinha de trigo. Tudo previamente peneirado.

Separe uma colher de manteiga e corte o restante em pedaços. A manteiga deve estar em temperatura ambiente. Junte os pedaços de manteiga, o fermento e 2 ovos. Mexa um pouco com uma colher e depois coloque a mão na massa. É preciso misturar tudo com as pontas dos dedos, até formar uma massa tipo farofa.

Unte com a colher de manteiga uma forma de fundo removível. Distribua metade da massa dentro da forma. Reserve o restante.

Recheio:

Dissolva a maisena em uma das xícaras de leite. Em uma panela, fora do fogo, junte a xícara de leite com a maisena dissolvida, o restante do leite, 2 ovos e o leite condensado. Misture bem. Leve ao fogo baixo e vá mexendo, espere engrossar o creme.

Arrume o creme na forma e cubra com o restante da farofa de chocolate.

Leve ao forno preaquecido a 180 graus por 30 minutos. Retire e desenforme. Sirva ainda quente ou leve para a geladeira para servir gelado!

Pecado imortal

1 abacaxi picado, 1 copo de açúcar, 1 copo de água, 1 caixa de pó para pudim sabor baunilha, 1 lata de creme de leite sem soro

Pique o abacaxi, deixe descansar com açúcar e água por aproximadamente 4 horas.

Escorra todo o líquido e coloque em uma panela, leve ao fogo brando com o pó de pudim, misture bem e continue mexendo sempre até engrossar.

Junte o abacaxi e deixe esfriar, depois leve à geladeira.

Depois que estiver frio, misture o creme de leite sem soro bem gelado.

É maravilhoso. Bom apetite.

Pavê preto e branco

1 lata de leite condensado, 1 copo de leite integral, 3 claras, 3 gemas, 1 colher de margarina, 1 colher de maisena, 6 colheres de achocolatado, 6 colheres de açúcar, 1 lata de creme de leite sem soro, 200 g de biscoito champanhe, 180 g de chocolate meio amargo picado, café passado a gosto para umedecer os biscoitos

Em uma panela, misture o leite condensado, o leite integral, a margarina, as gemas peneiradas, a maisena e três colheres de achocolatado. Leve ao fogo baixo, mexendo muito bem, até adquirir aspecto cremoso. Reserve.

Numa travessa ou refratário, acomode os biscoitos champanhe, cobrindo completamente o fundo. Os biscoitos devem ser previamente umedecidos em café passado.

Cubra com o creme de chocolate e acrescente o chocolate em barra picado.

Prepare o creme branco. Bata as claras em neve. Depois misture o açúcar e bata novamente para formar uma merengada bem firme – quanto mais bater na batedeira, melhor. Acrescente o creme de leite sem soro bem geladinho na merengada, sem bater. Misture com um fouet até que fique bem homogêneo. Cubra tudo com o creme branco.

Leve à geladeira por 4 horas. Quando for servir, peneire por cima, para dar o acabamento, o restante do chocolate em pó sobre a superfície.

Sorvetão

1 lata de leite condensado, 1 lata de creme de leite, 2 latas de leite, 1 colher de sopa bem cheia de amido de milho, 5 gemas, 5 claras, 5 colheres de sopa de açúcar

Para a torta:
1 pacote de biscoito champanhe, leite para umedecer os biscoitos, 1 pacote de merengue, calda de chocolate para sorvete

Leve ao liquidificador o leite condensado, o leite, o amido de milho, as gemas e liquidifique bem. Logo após, leve ao fogo baixo e deixe engrossar, mexendo sempre e depois reserve.

Na batedeira, bata as claras em neve, acrescentando o açúcar para fazer uma merengada consistente. Acrescente o creme de leite com soro, mexendo delicadamente, até que as claras fiquem completamente misturadas com o creme de leite.

Misture os dois cremes.

Montagem da torta:
Em uma forma com fundo removível, coloque os biscoitos champanhe já umedecidos no leite, até cobrir o fundo.

Depois, despeje o sorvete, formando uma espécie de coroa que reveste toda a superfície da torta.

Em seguida, finalize com os merenguinhos e acrescente a calda de chocolate em fios. Leve ao freezer e só retire quando estiver firme. Na hora de servir, pode ser regada com um pouco mais de cobertura de chocolate.

Torta crocante

Massa:
3 xícaras de farinha de trigo, 1 ovo, 1 colher de sopa de fermento químico, 100 g de margarina, 1 xícara de nozes picadas, 1 xícara de açúcar

Recheio:
1 lata de leite condensado, 2 xícaras de leite, 2 colheres de sopa de maisena, 2 colheres de sopa de margarina, 2 gemas, 1 lata de creme de leite sem soro

Recheio:

Em uma panela fora do fogo, misture o leite condensado com a maisena previamente dissolvida em um pouco de leite. Junte o restante do leite, a margarina e as gemas. Leve a panela em fogo baixo e, mexendo sempre, espere engrossar. Deve ficar um creme homogêneo e consistente. Desligue o fogo e espere amornar um pouco. Fora do fogo, e com o creme já morno, acrescente o creme de leite e misture. Deixe o recheio reservado.

Massa:

Misture a farinha de trigo previamente peneirada com ovo, o fermento, o açúcar e a margarina. Misture inicialmente com uma colher e logo coloque a mão na massa, literalmente. Faça um tipo de farofa. Quando todos os ingredientes estiverem bem agregados, separe em duas partes. Em uma das metades, junte as nozes picadas. Reserve.

Unte uma forma de fundo removível e forre o fundo e as laterais dessa forma com a massa, modelando a base da torta. Logo acrescente o recheio de creme e cubra tudo com a massa misturada com as nozes. Agora leve ao forno preaquecido a 180 graus por 40 minutos. Espere esfriar e desenforme. Pronta para servir.

Dica: Pode ser levada à geladeira antes de servir.

Torta magnífica

7 ovos, 6 colheres de sopa de açúcar, 9 colheres de sopa de farinha de trigo, 5 colheres de sopa de achocolatado, 2 colheres de chá de fermento químico, 3 latas de leite condensado, 340 g de chocolate ralado

Comece preparando o recheio da torta. Leve as latas de leite condensado fechadas para uma panela de pressão. Cubra-as com água e leve ao fogo durante 50 minutos. Se preferir fazer em uma panela comum, cozinhe durante 90 minutos. Enquanto isso, prepare a massa da torta. Separe as claras das gemas e bata as claras em neve na batedeira. Adicione as colheres de açúcar, uma a uma, sem desligar a batedeira.

Quando as claras estiverem bem firmes, sem desligar a batedeira, acrescente as gemas e siga batendo por alguns minutos. Ficará um creme bem fofo. Desligue a batedeira.

Na sequência, peneire a farinha, o achocolatado e o fermento. Depois disso, acrescente esses ingredientes aos poucos ao creme e mexa levemente com uma colher até que tudo se misture homogeneamente. Coloque a massa em uma forma untada e enfarinhada, e asse em forno brando por 40 minutos.

Quando a massa estiver morna, desenforme e divida ao meio. Recheie com parte do leite condensado já cozido e parte do chocolate ralado. O restante do leite condensando deverá cobrir o bolo. Por cima, polvilhe com o chocolate ralado.

Revirado de banana

6 bananas maduras, 1 lata de leite condensado, 4 gemas, 1 xícara de leite, óleo para untar o refratário

Calda:
2 xícaras de açúcar, 1 xícara de água

Merengada:
4 claras, 1 lata de creme de leite, 12 colheres de sopa de açúcar, canela em pó

Comece untando um refratário médio. Descasque as bananas, corte-as em metades e as metades em lascas, arrumando-as no refratário.

Coloque o açúcar em uma panela e leve ao fogo baixo até ele derreter e se transformar em um caramelo. Quando isso acontecer, adicione a água. Deixe ferver até formar uma calda líquida e uniforme. Despeje metade da calda em cima das bananas, espalhando bem.

Misture o leite condensado, as gemas e o leite em uma panela e leve ao fogo, mexendo sempre, até engrossar. Com o creme pronto, espalhe em cima das bananas no refratário e cubra com o restante da calda de açúcar. Leve ao forno preaquecido por 20 minutos.

Enquanto isso, vamos preparar uma merengada diferente. Misture as claras com o açúcar. Leve ao forno de micro-ondas por 1 minuto e meio. A ideia é esquentar as claras, mas sem cozinhar. Leve direto para a batedeira e bata, em velocidade alta, até formar uma merengada consistente, cerca de 5 minutos. Retire da batedeira e acrescente o creme de leite sem soro delicadamente.

Chega o momento de revirar as bananas. Retire o refratário do forno e, ainda bem quente, misture a merengada com creme de leite até ficar uniforme. Cubra com canela em pó. Pode ser servido morno ainda. Também pode ser servido gelado.

Arroz de leite português

1 e ½ xícara de arroz, ½ litro de água, 1 litro de leite, 300 g de açúcar refinado, canela em pó

Coloque o arroz e a água em uma panela para ferver até que o arroz abra e absorva a água, sem mexer.

Depois acrescente o leite e deixe ferver em fogo baixo, mexendo algumas vezes para não grudar no fundo. Quando estiver bem cremoso, acrescente o açúcar e deixe cozinhar um pouquinho mais.

Pronto para servir. Use canela em pó para finalizar o arroz de leite no prato.

Pudim flan

8 ovos inteiros, 300 g de açúcar, 1 litro de leite, raspas de limão, metade de um limão espremido ligeiramente, 1 pitada de sal, passas

Caramelo:
1 xícara de açúcar, ½ xícara de água

Comece fazendo o caramelo para caramelizar a forma: coloque uma xícara de açúcar em uma caçarola juntamente com meia xícara de água para ferver até caramelar, sempre mexendo até adquirir cor de caramelo bem escuro.

Depois coloque uma colher desse caramelo no fundo de cada forminha para pudim. Coloque passas no fundo da forminha, grudadas no caramelo.

Bata 8 ovos inteiros com 300 g de açúcar na batedeira. Fora da batedeira, acrescente um litro de leite, as raspas de limão e esprema ligeiramente metade de um limão com uma pitada de sal. Mexa com uma colher, e com uma concha encha as forminhas até altura máxima, já com o caramelo ao fundo. Leve em banho-maria ao forno para cozinhar durante 30 a 40 minutos. Desenforme e sirva.

Ovos moles

½ kg de açúcar, 12 gemas, 2 xícaras de água

Misture água com açúcar e leve ao fogo até formar uma calda e levantar fervura. Desligue o fogo e deixe amornar.

Passe as gemas na peneira e adicione a calda já amornada, tudo fora do fogo. Misture bem e volte com a panela para o fogo baixo, mexendo sempre na mesma direção até que adquira a textura dos ovos moles ou que fique um pouco cremoso. Pronto.

Pode ser usado para recheios de tortas, coberturas de frutas e principalmente puro com canela em pó, como sobremesa.

Torta de laranja

Massa:
300 g de farinha, 100 g de açúcar, 3 gemas, 150 g de margarina, raspas de uma laranja

Recheio:
1 lata de leite condensado, 1 gema, 100 ml de suco de laranja

Cobertura: Merengue suíço
4 claras, 220 g de açúcar

Massa:

Misture os ingredientes da massa com as mãos até agregarem-se e você possa abrir a massa com o rolo. Modele em uma forma redonda com fundo removível cobrindo o fundo e as laterais. Leve ao forno preaquecido a 180 graus por 15 a 20 minutos, retire do forno e reserve.

Recheio:

Misture os ingredientes e coloque na torta reservada como recheio, levando novamente ao forno, 180 graus preaquecido, durante 20 minutos. Retire do forno.

Cobertura:

Misture o açúcar com as claras e leve em banho-maria (leve uma panela com água ao fogo e o merengue em outra panela que possa ir dentro da panela com água), sempre mexendo, até que o açúcar fique bem líquido e leve. Não pode parar de mexer. Assim que o açúcar estiver bem líquido, dissolvido e leve, despeje na batedeira e coloque para bater em velocidade máxima de 5 a 7 minutos, até que o merengue esteja bem firme.

Coloque em uma bisnaga ou saco de confeiteiro e cubra a torta, enfeitando-a. Você pode polvilhar canela em pó sobre o merengue ou maçaricar.

Torta de marido

400 g de bolachas doces tipo Maria, 200 g manteiga, 1 lata de leite condensado, 1 e ½ lata de chocolate em pó (equivalente à lata de leite condensado), 3 ovos, ½ de barra de chocolate meio amargo

Coloque as bolachas dentro de um pano e feche bem. Bata com a mão ou use um martelo de carne para quebrar as bolachas. Não é preciso triturá-las, apenas quebrar. Reserve.

Coloque na batedeira a manteiga, o leite condensado, o chocolate em pó e os ovos. Bata bem, até o creme ficar homogêneo.

Coloque os pedaços de bolacha e misture ao creme com uma colher. Arrume tudo na forma removível bem untada. Raspe meia barra de chocolate meio amargo por cima e leve para a geladeira por no mínimo 3 horas. O ideal é deixar a torta 24 horas gelando.

Dica: Para dar um sabor extra de chocolate à Torta de marido, use bolachas Maria sabor chocolate.

Gelatina recheada

1 lata de pêssego em calda, 2 caixinhas de creme de leite, 2 envelopes de gelatina em pó sabor morango, 6 claras, 12 colheres de sopa de açúcar, água quente e gelada, 1 colher de sopa de margarina

Comece separando os pêssegos da calda. Reserve a calda em um recipiente e leve para a geladeira, pois ela será usada para a mistura. Pique os pêssegos em pedaços pequenos.

Unte com a margarina um prato refratário grande ou pequenos potinhos, dependendo da maneira que você pretende servir a gelatina recheada, se em uma ou em várias porções. Arrume os pêssegos picados no fundo, fazendo a primeira camada. Por cima dos pêssegos, espalhe o creme de leite.

Bata as claras na batedeira até ficarem firmes. Acrescente o açúcar, sem parar de bater, até formar uma merengada consistente. Espalhe a merengada fazendo a terceira camada.

Dissolva a gelatina em 400 ml de água quente. Misture bem e adicione a calda reservada. Mexa bem e espalhe com uma concha sobre as camadas para finalizar a gelatina recheada.

Depois, leve para a geladeira por no mínimo 4 horas. O melhor é deixar de um dia para o outro. Sirva em seguida, assim que retirar da geladeira.

Ambrosia de luxo

1 xícara de açúcar, 6 ovos, 1 e ½ xícara de água, 1 rama pequena de canela, 1 colher de sopa de manteiga, 1 e ½ xícara de leite, 1 lata de leite condensado

Coloque o açúcar na panela e leve ao fogo baixo até derreter completamente.

Acrescente a água e misture. Coloque a manteiga. Mexa e deixe abrir a fervura.

Bata os ovos inteiros, tudo junto. Quando a fervura estiver pronta, acrescente os ovos batidos.

Vão se formar grumos, mexa com cuidado para não desmanchá-los. Coloque a rama de canela. Deixe abrir a fervura novamente.

Misture o leite condensado com o leite e acrescente à panela. Espere abrir novamente a fervura e baixe o fogo. Deixe cozinhar por 15 minutos, misturando com cuidado.

Deixe amornar e leve para a geladeira. Sirva geladinho.

Torta gelada de bombons

CREME BRANCO:
1 lata de leite condensado, 2 copos de leite, 4 gemas, 2 colheres de sopa de amido de milho, 1 colher de sopa de manteiga

CREME PRETO:
2 copos de leite, 4 colheres de sopa de chocolate ou achocolatado em pó, 2 colheres de sopa de açúcar, 1 colher de sopa de amido de milho, 1 colher de sopa de manteiga

BOMBONS:
12 bombons cortados

COBERTURA:
4 claras em neve, 8 colheres de sopa de açúcar, 1 lata de creme de leite sem soro

1ª camada: Dilua o amido de milho no leite. Depois, misture bem todos os ingredientes em uma panela. Leve ao fogo brando, mexendo sempre, até engrossar. Coloque em um prato refratário.

2ª camada: Dilua o amido de milho no leite. Em uma panela, misture bem todos os ingredientes. Leve ao fogo brando, mexendo sempre, até engrossar. Acrescente esse creme sobre o creme branco.

3ª camada: Corte os bombons e acrescente sobre o creme de chocolate. Reserve dois bombons para decoração.

4ª camada: Bata as claras em neve e, ao mesmo tempo, acrescente o açúcar. Continue batendo até que a consistência seja firme. Desligue a batedeira e coloque o creme de leite sem soro. Misture com delicadeza. Coloque esse creme sobre as demais camadas da receita. Finalize decorando com os bombons cortados.

DICA: Prepare a torta no dia anterior e sirva bem gelada.

Surpresa de goiabada

300 g de queijo minas, 300 g de ricota, 1 limão, 1 colher de sopa de farinha de trigo, 1 lata de leite condensado, 5 ovos, ½ kg de goiabada

Pique o queijo minas e reserve. Faça o mesmo com a ricota, pique e deixe reservada.

Bata no liquidificador os ovos, o leite condensado, o queijo minas, a ricota, o suco de limão e a farinha de trigo. Para dar um toque a mais de limão, raspe a casca e coloque junto para bater. Deixe misturar bem.

Corte a goiabada em finas fatias e arrume-as no fundo de um refratário. Por cima, entra a mistura do liquidificador.

Leve ao forno preaquecido a 200/250 graus, em média de 40 a 60 minutos ou até dourar levemente a parte superior.

Pudim de iogurte

2 ovos, 4 potes de iogurte grego, 2 latas de leite condensado, ½ copo de leite

Calda:
2 xícaras de açúcar

Caramelize uma forma de pudim com um caramelo bem clarinho.

No liquidificador, adicione os ovos, o leite condensado, o leite e o iogurte grego. Bata bem e coloque na forma já caramelizada.

Leve ao forno preaquecido em 180 graus em banho-maria por mais ou menos 40 minutos, cubra a forma com papel alumínio.

Torta de mãe

8 peras, 1 xícara de vinho tinto seco, 1 xícara de açúcar, ½ colher de sopa de manteiga, 200 g de nozes picadas, 3 colheres de sobremesa de mel, 270 g de chocolate meio amargo (pode ser 1 barra ao leite e 1 barra meio amargo), 2 potes ou 600 g de creme de leite fresco (nata), 4 colheres de sopa de açúcar, 1 colher de sobremesa de essência de baunilha, 240 g ou 2 saquinhos de merenguinhos

Comece descascando e cortando as peras em cubos. Coloque-as em uma panela com o vinho e a xícara de açúcar. Leve ao fogo até que as peras estejam cozidas e a calda engrossar.

Enquanto isso, em uma frigideira, derreta a manteiga e coloque as nozes e o mel. Mexa delicadamente até que as nozes estejam carameladas. Coloque em uma travessa para esfriar e para que não fiquem grudadas.

Derreta o chocolate em banho-maria. Coe as peras. Reserve as peras e misture a calda de vinho ao chocolate até que a mistura fique homogênea.

Para fazer o chantilly, na batedeira, bata o creme de leite

fresco, o açúcar e a essência de baunilha até a mistura ficar firme. São minutos, vá observando enquanto bate, e quando adquirir consistência, desligue a batedeira.

Hora de montar a torta: em uma forma de fundo removível, faça uma camada de merengue. Quebre alguns merengues e espalhe para preencher por inteiro o fundo da forma. A próxima camada será de peras ao vinho, observando que você deve espalhar os pedaços de pera por toda camada, bem como nas bordas da camada. A seguir faça a terceira camada distribuindo as nozes caramelizadas.

Agora, será a vez de fazer a camada de chantilly, e por último a camada de chocolate derretido. Você pode finalizar a torta decorando com merengues, mas pode repetir todas as camadas novamente e finalizar com merengues e calda de chocolate. Decore como preferir. Leve para a geladeira por no mínimo 2 horas. Desenforme a torta e sirva gelada.

Torta crespa

Base:
300 g de chocolate em barra derretido, 2 colheres de sopa de manteiga derretida, 150 g de flocos de milho açucarados

Recheio:
1 colher de sopa de amido de milho, ¾ xícara de creme de leite, 1 lata de leite condensado, 3 colheres de sopa de leite em pó, 1 e ½ colher de sopa de manteiga

Cobertura:

coco ralado a gosto, chocolate para decorar

Base:

Derreta o chocolate em banho-maria. Derreta a manteiga no micro-ondas.

Em um recipiente, coloque os flocos açucarados, aos poucos acrescente a manteiga derretida e o chocolate derretido, mexendo até envolvê-los na mistura.

Arrume a base em uma forma de fundo removível, cobrindo bem o fundo e as laterais da forma. Deixe na geladeira até ficar firme.

Recheio:

Em uma panela, dissolva o amido de milho no creme de leite. Junte os demais ingredientes e leve ao fogo, mexendo sempre, até o recheio engrossar e o creme ficar bem liso. Tire do fogo e espere amornar.

Finalização:

Recheie a torta com o creme preparado. Cubra com coco ralado, decore com as raspas de chocolate e leve à geladeira. Desenforme num prato na hora de servir. Melhor fazer de um dia para outro.

Brownie do Alarico

450 g de chocolate ao leite, 180 g de manteiga derretida, 360 g de açúcar, 4 ovos, 2 colheres de chá de essência de baunilha, 130 g de farinha de trigo, 40 g de cacau em pó, 1 pitada de sal

Preaqueça o forno a 180 graus. Corte o chocolate em pedaços. Derreta metade e guarde a outra metade para utilizar depois.

Misture a manteiga e o açúcar, depois bata os ovos e a essência de baunilha por 1 a 2 minutos, até que a mistura fique fofa e com uma cor leve.

Enquanto mexe, adicione o chocolate derretido reservado (certifique-se de que o chocolate não esteja quente demais, ou os ovos vão cozinhar), adicione o cacau em pó e a farinha, utilizando uma peneira e adicione também uma pitada de sal.

Coloque os ingredientes úmidos em torno deles, com cuidado para não misturar demais, pois isso pode fazer com que o brownie fique com a textura mais parecida com a de um bolo.

Adicione os pedaços de chocolate, envolvendo os ingredientes em torno deles, e transfira a massa para uma forma quadrada revestida com papel manteiga.

Asse por 30 a 35 minutos a 180 graus, até o brownie ficar macio, depois deixe esfriar completamente. Fatie e sirva com sorvete.

Torta brigadeiro

2 latas de leite condensado, 2 colheres de sopa de manteiga, 1 colher de sopa de chocolate em pó 50% cacau, 2 barras de chocolate meio amargo picado, 2 caixinhas de creme de leite, ½ xícara de leite, 400 g de biscoito maisena, granulado e morangos para decorar

Em uma panela, coloque o leite condensado, o chocolate meio amargo picado, o leite, o chocolate em pó, a manteiga.

Leve ao fogo médio e mexa até o chocolate derreter bem e a mistura começar a soltar do fundo da panela. Desligue o fogo.

Junte o creme de leite e continue mexendo até a mistura ficar consistente.

Em uma forma de fundo removível untada com manteiga, intercale camadas de biscoito de maisena e brigadeiro. Leve para a geladeira por 2 horas.

Decore o topo da torta com granulado e morangos.

Torta vintage

1 xícara de leite, 6 claras, 150 g de manteiga, 1 e ½ de xícara de açúcar, 300 g de nozes, 2 e ¼ xícaras de farinha de trigo, 3 colheres de chá de fermento químico, 2 latas de leite condensado, ½ lata de creme de leite sem o soro ou ½ caixinha, 2 potes de creme de leite fresco (nata), 100 g de açúcar, 1 colher de sopa de manteiga, 1 colher de chá de essência de baunilha, 2 xícaras de ameixa em calda sem caroço, 1 pacote de suspiros, cerejas para decorar

No liquidificador, bata as claras, o leite, a manteiga, o açúcar e 100 g de nozes.

Disponha em uma tigela e agregue a farinha peneirada. Adicione o fermento e misture delicadamente.

Preaqueça o forno a 180° graus, unte e enfarinhe uma forma para bolo.

Leve para assar durante 30 a 40 minutos. Reserve.

Em uma panela, misture o leite condensado, a manteiga e 100 g de nozes, em fogo médio, até obter uma consistência firme. Acrescente o creme de leite e continue mexendo em fogo baixo até começar a desgrudar da panela. Reserve.

Na batedeira coloque o creme de leite fresco, o açúcar e a baunilha até obter um chantilly. Reserve.

Com o bolo frio e desenformado, corte em 2 partes com o auxílio de uma faca. A primeira camada, recheie com a mistura de leite condensado e nozes. Coloque os suspiros por cima.

Cubra com a outra parte do bolo e coloque as ameixas por cima.

Coloque o último disco de bolo e cubra com chantilly, por cima e pelas laterais.

Decore com 100 g de nozes picadas nas laterais e também no topo da torta. Você pode fazer um doce de ovos moles e usar para decoração juntamente com nozes picadas, cerejas e ameixas.

Torta espelhada

Massa:
3 xícaras de farinha de trigo, 100 g de manteiga em cubinhos, 1 pitada de sal, 2 colheres de sopa de açúcar, 2 ovos

Creme:
1 lata de leite condensado, 1 copo de leite, 2 colheres de sopa de maisena, 2 gemas, ½ caixinha de creme de leite, 1 colher de sobremesa de manteiga

Cobertura:
300 g de morangos, 1 pacote de gelatina sabor morango, 150 ml de água fervente, 150 ml de água gelada

Massa:

Para a massa, misture a manteiga e os ovos com o açúcar e o sal e acrescente a farinha de trigo aos poucos até formar uma massa que desgrude das mãos.

Abra essa massa com a ajuda de um rolo e modele em uma forma com fundo removível com a ajuda das mãos. Não precisa untar a forma, pois a massa já tem manteiga.

Leve a massa ao forno preaquecido para assar por cerca de 15 a 20 minutos ou até ela ficar dourada.

Dissolva o pó de gelatina com a água quente. Em seguida, adicione a água fria. Reserve a gelatina, não precisa levar a geladeira.

Creme:

Para fazer o creme, misture em uma panela o leite condensado, as gemas, a manteiga e a maisena dissolvida no leite. Leve ao fogo, mexendo sempre, até engrossar. Tire a panela do fogo e misture o creme de leite. Mexa bem.

Montagem:

Recheie a massa assada e reservada com todo o creme. Cubra com os morangos previamente cortados. Por último, coloque a gelatina reservada. Leve a torta para a geladeira por no mínimo 2 horas. Antes de servir, ainda gelada, desenforme. Está pronta para a hora do sacrifício.

Torta churro

Massa:
100 g de manteiga, 1 xícara de açúcar, 3 ovos, 1 colher de chá de canela em pó, 1 colher de chá de essência de baunilha, 1 colher de chá de bicarbonato de sódio, 1 e ½ xícara de farinha de trigo, 2 colheres de chá de fermento químico, 1 pote de 170 g de iogurte natural

Calda:
1 xícara de água, 1 xícara de açúcar, 2 unidades de canela em pau

Recheio e cobertura:
2 caixinhas de leite condensado cozido ou 2 potes de doce de leite já pronto

Massa:

Para preparar a massa, bata os ovos, a essência de baunilha, a manteiga já cortada em cubos, o açúcar. Depois, adicione a farinha de trigo, a canela em pó, o iogurte natural.

Desligue a batedeira e, com a ajuda de uma peneira, adicione o bicarbonato de sódio e o fermento químico.

Em seguida, coloque a massa em uma forma untada e enfarinhada, leve ao forno preaquecido a 180 graus por 20 a 30 minutos. Depois de pronta a massa, reserve.

Calda:

Para preparar a calda, coloque em uma panela o açúcar, a água, a canela em pau e cozinhe até engrossar.

Montagem:

Corte a massa ao meio e umedeça com a calda já preparada. Em seguida, recheie com ⅓ do doce de leite e feche.

Na parte de cima da torta, finalize com o restante do doce de leite e pronto.

Pavê natalino

250 g de nozes picadas, 250 g de chocolate meio amargo, 2 latas de creme de leite, 400 g de doce de leite, ½ xícara de leite para o creme de nozes, 1 xícara de leite para umedecer as bolachas, 500 g de bolacha champanhe, 4 gemas 1 dose de licor, nozes e cerejas para decorar, 4 claras, 8 colheres de açúcar

Derreta o chocolate meio amargo em banho-maria. Adicione a dose de licor de sua preferência e 1 lata de creme de leite sem soro, até formar um ganache. Misture bem.

Em uma panela, coloque o doce de leite, ½ xícara de chá de leite, as nozes e as gemas. Misture bem, sem parar de mexer, até cozinhar bem. Por fim, desligue o fogo, acrescente 1 lata de creme de leite e misture. Reserve.

A montagem do pavê de nozes não tem segredo: em um refratário, faça uma camada com bolachas champanhe. Com o auxílio de uma bisnaga, umedeça as bolachas com o leite. Acrescente, então, o ganache de chocolate e o creme de nozes. Vá intercalando as camadas até chegar ao topo do recipiente. Finalize com o chocolate derretido.

Dica: Para enfeitar o pavê, bata na batedeira as claras com o açúcar até formar um merengue. Decore o pavê com as claras em picos, nozes e cerejas.

Doce da virada

1 lata de leite condensado, a mesma medida de leite, 2 gemas, 1 colher de sopa de maisena, 1 lata de creme de leite sem soro, 1 xícara de açúcar, ½ xícara de água, panetone ou chocotone ou bolo ou cuca

Creme:

Em uma panela fora do fogo, misture o leite, o leite condensado e as gemas. Leve a mistura para o fogo e mexa sempre até levantar fervura. Acrescente a maisena dissolvida em um pouquinho de água, e com a mistura ainda no fogo, continue mexendo até o creme engrossar. Retire a panela do fogo e deixe a mistura esfriar. Adicione o creme de leite e reserve.

Calda:

Coloque o açúcar em uma panela e leve ao fogo. Quando derreter, acrescente meia xícara de água.

Montagem:

Em uma taça grande, coloque um pouco do creme. Adicione o panetone picado, a calda de açúcar. Vá fazendo camadas até completar o refratário. Finalize com a calda.

Leve à geladeira por no mínimo 2 horas. Sirva bem gelado.

Crepe de laranja com creme de avelã

2 ovos, 50 g de açúcar, 50 g de manteiga derretida 30 segundos no micro-ondas, 3 colheres de sopa de leite, raspas de 1 laranja, 40 g de farinha de trigo peneirada, 1 pitada de sal, creme de avelã, açúcar de confeiteiro

Em um recipiente, com o auxílio de um fouet, bata os ovos, o açúcar e o sal.

Adicione a manteiga derretida, o leite e as raspas de laranja. Misture bem e, em seguida, coloque a farinha peneirada. Mexa até obter uma massa bem lisa.

Em fogo médio, aqueça uma frigideira crepeira, pincele manteiga e disponha uma porção de massa de modo que cubra toda a base da frigideira.

Quando as bordas estiverem douradas, vire para dourar o outro lado.

Sirva com creme de avelã e raspas de laranja e polvilhe com açúcar de confeiteiro.

CREPE DE COCO E DOCE DE LEITE

2 ovos, 50 g de açúcar, 50 g de manteiga derretida 30 segundos no micro-ondas, 3 colheres de sopa de leite de coco, 40 g de farinha de trigo peneirada, 1 colher de sopa de coco ralado, 1 pitada de sal, doce de leite, coco ralado grosso

Em um recipiente, com o auxílio de um fouet, bata os ovos, o açúcar e o sal.

Adicione a manteiga derretida, o leite de coco e misture bem. Em seguida junte o coco ralado e a farinha peneirada, mexa até obter uma massa bem lisa.

Em fogo médio, aqueça uma frigideira crepeira, pincele manteiga e disponha uma porção de massa de modo que cubra toda a base da frigideira. Quando as bordas estiverem douradas, vire para dourar o outro lado.

Sirva com doce de leite e polvilhe com coco ralado grosso seco.

CREPE DE CHOCOLATE COM MORANGO

2 ovos, 50 g de manteiga derretida 30 segundos no micro-ondas, 5 colheres de sopa de leite, 40 g de farinha de trigo peneirada, 2 colheres de sopa de chocolate em pó com

50% de cacau, 1 colher de chá de essência de baunilha, morangos, chocolate branco, creme de leite

Em um recipiente, com o auxílio de um fouet, bata os ovos e o chocolate em pó.

Adicione a manteiga derretida, a essência de baunilha, o leite e misture bem. Acrescente a farinha peneirada e mexa até obter uma massa bem lisa.

Em fogo médio, aqueça uma frigideira crepeira, pincele manteiga e disponha uma porção de massa de modo que cubra toda a base da frigideira. Quando as bordas estiverem douradas, vire para dourar o outro lado.

Derreta o chocolate branco e acrescente creme de leite até o ponto desejado.

Sirva com chocolate branco e morangos.

Torta de banana com doce de leite

120 g de manteiga em temperatura ambiente, ¾ de xícara de açúcar de confeiteiro, 1 ovo batido, 1 e ¾ xícara de farinha de trigo, 1 colher de chá de sal, 2 claras, 6 colheres de sopa de açúcar, 2 xícaras de doce de leite, 3 bananas cortadas em rodelas, suco de ½ limão

Misture a manteiga e o açúcar, bata até ficar uma mistura bem clarinha e fofa.

Adicione o ovo batido à massa, misture e junte a farinha de trigo e o sal. Cubra com plástico e leve à geladeira por no mínimo 2 horas.

Abra a massa entre dois plásticos com auxílio de um rolo e disponha sobre a forma. Acomode bem a massa na forma, faça furinhos com o garfo e leve ao forno preaquecido a 180 graus por, aproximadamente, 20 minutos, ou até que a massa esteja bem dourada. Deixe esfriar.

Bata as claras em neve e adicione o açúcar aos poucos até formar um merengue com picos duros. Reserve.

Coloque o doce de leite sobre a massa assada e espalhe bem. Coloque as rodelas de banana. Pincele o suco de limão sobre as bananas, pois o suco de limão evita que elas fiquem escuras.

Disponha o merengue sobre as bananas e leve ao forno por 15 minutos para o merengue dourar. O maçarico também pode ser usado. Deixe esfriar 1 hora e sirva.

Surpresa de chocolate

200 g de bolacha de chocolate sem recheio, 70 g de manteiga derretida, ½ xícara de açúcar cristal, 1 pitada de sal, 200 g de creme de leite para o ganache, ½ xícara de creme de leite fresco (nata) para o caramelo, 100 g de castanhas de caju, 200 g de chocolate meio amargo

Primeira camada:

Triture as bolachas no liquidificador até ficar uma farofinha. Coloque em um recipiente e adicione a manteiga derretida. Coloque em uma forma de fundo removível e asse por uns 15 minutos a 180 graus.

SEGUNDA CAMADA:

Leve ao fogo baixo ½ xícara de açúcar cristal para derreter, vá acrescentando o creme de leite fresco aos poucos e mexendo sem parar. Quando ficar lisinha reserve e salpique por cima uma pitada de sal.

Depois de fria a primeira camada, acrescente o caramelo e leve ao freezer por uns 15 minutos.

TERCEIRA CAMADA:

Leve ao micro-ondas o chocolate para derreter e misture bem o creme de leite. Adicione as castanhas de caju picadas, misture e coloque por cima do caramelo. Leve ao freezer ou congelador até o momento de servir.

ARROZ DE LEITE DA LINDINHA

1 xícara de arroz branco, 2 colheres de sopa de manteiga, 2 xícaras de água, 2 litros de leite, 1 lata de leite condensado, canela para polvilhar

Em uma panela grossa, no fogo, colocar as 2 colheres de sopa de manteiga e 1 xícara de arroz branco, em seguida acrescentar 2 xícaras de água, deixa cozinhar em fogo baixo até evaporar toda a água.

Ir acrescentando 2 litros de leite aos poucos e deixar ir cozinhando.

Quando estiver bem cremoso, acrescente 1 lata de leite condensado e finalize no fogo. Degustar polvilhado com canela.

Torta gelada de abacaxi

Massa:
5 ovos, 3 xícaras de aveia em flocos finos, 2 colheres de sopa de manteiga em temperatura ambiente, 2 xícaras de açúcar, 1 colher de sopa de fermento químico, 1 colher de chá de essência de baunilha, manteiga para untar a forma

Recheio:
2 gemas, 1 lata de leite condensado, 1 lata de abacaxi em calda, 1 colher de sopa de farinha de trigo, 1 colher de sopa de manteiga, 1 xícara de leite

Cobertura:
4 claras batidas em neve, 1 xícara de nata ou creme de leite fresco, 6 colheres de sopa de açúcar, raspas de limão a gosto, abacaxi para enfeitar

Massa:

Comece pela massa. Misture os ovos, o açúcar, a manteiga. Acrescente a aveia e misture.

Misture novamente e adicione a essência de baunilha e o fermento. Mexa tudo até a massa ficar bem uniforme. Arrume em uma forma redonda, de fundo removível, previamente untada. Leve ao forno preaquecido a 180 graus, por 40 minutos. Com a massa assada, espere amornar e desenforme. Corte ao meio, formando dois discos de massa. Agora é a hora do recheio.

Recheio:

Misture em uma panela o leite condensado, o leite com a farinha dissolvida, as gemas e a manteiga. Leve ao fogo e, mexendo sempre, espere engrossar. Tire do fogo.

Arrume um dos discos de massa em um prato. Com uma colher, espalhe por cima da massa metade da calda de abacaxi. Por cima entra o creme de leite condensado, espalhe ainda morno. Pique o abacaxi e cubra tudo com os pequenos pedaços da fruta (reserve um pouco para enfeitar a torta).

Feche a torta com o outro disco de massa. Espalhe o restante da calda.

Cobertura:

Bata na batedeira as claras até ficarem em neve. Acrescente o açúcar e bata até ficar bem firme, como uma merengada. Desligue a batedeira e, com uma colher, misture delicadamente a nata ou o creme de leite fresco. Distribua o creme por cima de toda a torta. Enfeite com um pouco de abacaxi picado e raspas de limão. Leve para a geladeira e sirva bem gelada.

Quindim do Anonymus

125 g de coco ralado fresco ou úmido, 250 g de açúcar refinado, 30 g de manteiga derretida, 9 gemas, 1 ovo inteiro, glucose de milho

Misture com as mãos o coco com o açúcar e a manteiga derretida. Reserve por uma hora. Unte forminhas com glucose.

Na mistura reservada, adicione as gemas e mais 1 ovo inteiro, misturando com uma espátula. Coloque a mistura nas forminhas e deixe descansar por 30 minutos.

Coloque as forminhas dentro de uma forma maior com água em banho-maria e leve ao forno em 180 graus até dourar. Espere esfriar e desenforme.

Dica: Caso queira fazer a glucose em casa:

Em uma panela de fundo grosso e antiaderente adicione: 2 xícaras de açúcar refinado e 1 xícara de água. Misture bem fora do fogo. Depois que levar ao fogo deixe ferver sem tocar na calda, até reduzir por um terço. Desligue e deixe esfriar sem mexer. Está pronta. Use em 48 horas, senão cristaliza.

Apfelstrudel

300 g de massa folhada em rolo, 2 maçãs gala grandes, 1 xícara de açúcar cristal, 2 colheres de chá de canela em pó, 30 ml de licor ou vinho, ½ xícara de uvas-passas brancas, ½ xícara de uvas-passas pretas, ½ xícara de castanhas de caju sem sal, ½ xícara de nozes, 2 colheres de sopa de farinha de rosca, 1 gema, nata fresca, limão, farinha de trigo

Chá:
½ xícara de açúcar, ½ abacaxi picado, maçãs secas a gosto, cascas de maçãs

Descasque as maçãs, deixando de molho na água com suco de limão. Reserve as cascas para fazer um delicioso chá. Hidrate as passas com o licor.

Para o chá, coloque em uma caneca grande ½ xícara de açúcar e derreta até ficar um caramelo. Acrescente o abacaxi picado, a água, as cascas das maçãs reservadas e maçãs secas desidratadas. Deixe ferver.

Pique as castanhas de caju e reserve. Pique as maçãs e reserve.

Em um recipiente, coloque as maçãs picadas, as nozes, as castanhas, as uvas-passas hidratadas no licor. Misture todos os ingredientes. Para o recheio ficar mais denso, acrescente 2 colheres de sopa de farinha de rosca.

Polvilhe a bancada com farinha de trigo e abra a massa folhada. Recheie e enrole o apfelstrudel. Pincele com uma gema.

Leve ao forno a 160 graus por 30 a 45 minutos.

Sirva com uma colher de nata bem gelada. E, para acompanhar, o nosso delicioso chá.

DIVERSOS

Pé de moleque

500 g de amendoim descascado (cru ou torrado), 1 lata de leite condensado, 2 colheres de chocolate em pó (pode ser achocolatado), 2 xícaras de açúcar, 2 colheres de sopa de manteiga levemente derretida

Em uma panela, coloque o açúcar, a manteiga, o chocolate em pó e o amendoim e vá misturando até caramelar. Desligue o fogo e acrescente o leite condensado e misture. Unte com manteiga uma superfície lisa (mármore ou uma forma) e derrame pequenas porções para formar a rapadura. Reserve e espere esfriar.

Queijadinha

50 g de queijo ralado, 300 g de coco ralado, 1 colher de sopa de fermento químico, 5 ovos, 1 xícara de farinha de trigo, ½ xícara de leite, 3 colheres de sopa de manteiga derretida, 2 e ½ xícaras de açúcar

Misture o açúcar, os ovos, a manteiga e mexa. Peneire a farinha e acrescente o leite. Misture. Em seguida acrescente o coco ralado, queijo ralado e por último o fermento químico.

Coloque em forminhas de papel, aquelas forminhas para cupcakes.

Cada forminha deverá ser preenchida até metade. Leve ao forno preaquecido a 180 graus por aproximadamente 20 minutos. E estará pronto para a festa.

Purê de batata-doce com laranja

5 batatas-doces médias, 1 colher de sopa de nata, 1 copo de suco de laranja, sal, pimenta moída na hora

Cozinhe as batatas-doces com casca em dois litros de água por aproximadamente 40 minutos.

Depois de cozidas as batatas, limpe algumas imperfeições da casca. Coloque as batatas em pedaços no liquidificador e adicione aos poucos o suco de laranja.

Salpique um pouco de sal e pimenta e vá batendo aos poucos até que as batatas se transformem em um purê. Em seguida despeje esse purê em uma caçarola, adicione a nata e misture. Leve ao fogo baixo para aquecer e sirva.

Ovos mexicanos

3 tomates, 1 cebola média, 1 dente de alho pequeno picado, 1 copo de água, 50 g de bacon picado, óleo, 1 colher de sopa de farinha de trigo, orégano a gosto, queijo parmesão ralado a gosto, 4 ovos, manjericão fresco a gosto, sal e pimenta a gosto

Aqueça uma panela e coloque o óleo, o bacon e o alho. Frite e reserve. Enquanto isso, no liquidificador, bata o tomate, a cebola, a farinha de trigo e a água.

Coloque a mistura do liquidificador na panela e leve para ferver. Tempere com sal, pimenta e orégano. Na sequência, quebre os ovos sobre o molho, depois diminua o fogo e tampe a panela, até que os ovos estejam cozidos, mas com as gemas ainda moles.

Uma boa dica para hora de servir é salpicar o prato com folhas de manjericão e queijo parmesão.

Salada empacotada

Salada:
1 pé de alface-americana, 1 pé de rúcula, 2 cebolas médias, 2 tomates médios, 100 g de presunto, 200 g de queijo tipo lanche em fatias ou queijo ralado grosso

Molho:
½ xícara de azeite, ¼ de xícara de vinagre, 1 colher de sopa de mostarda, 1 colher de chá de sal, 1 colher de chá de orégano, ½ colher de chá de pimenta

Molho:
Misture todos os ingredientes e reserve.

Salada empacotada:
Lave bem todos os verdes, o tomate e a cebola. Fatie os tomates em fatias finas.

Fatie a cebola em rodelas finas, abrindo em anéis. Coloque em um pouco de água quente por alguns minutos para tirar a acidez, e logo coloque em um prato com água gelada para que a cebola não perca a crocância.

Pegue uma forma de fundo removível.

Forre a forma no fundo e dos lados com alface-americana, deixando partes das folhas dos lados da forma para fora, como se estivesse sobrando.

Comece fazer as camadas: coloque as folhas de rúcula como uma camada e dê uma apertada com as mãos. Coloque uma camada de tomates fatiados em rodelas.

Uma camada de queijo cortados em fatias finas ou ralado grosso.

Outra camada de cebolas em anéis. Outra camada de presunto.

Sempre aperte as camadas uma sobre a outra de modo que fiquem bem unidas.

Repita a operação alternando as camadas.

No final, empacote a salada com aquela parte das folhas de alface que estão para fora da forma, trazendo as folhas para cima da salada, de modo que a empacote. Se ficar alguma falha no verde preencha com mais folhas de alface. Dê uma apertada final pressionando as camadas e coloque queijo fatiado em tiras finas sobre o verde. Embrulhe com papel alumínio, pressionando mais um pouco as camadas e leve para geladeira.

Ao servir, abra a forma de fundo removível retirando a parte dos lados. A salada empacotada poderá ser cortada como se fosse fatias de torta.

A cada fatia, coloque o molho no momento de servir.

Cachorro-quente desfiado

1 kg de paleta com osso, 2 tomates picados, 1 cebola picada, 3 xícaras de chá de água, ¾ de xícara de cafezinho de shoyu

Na panela de pressão, coloque a paleta e frite os dois lados. Acrescente a cebola picada e refogue juntamente com a carne.

Adicione o tomate e deixe refogar, depois coloque o shoyu e a água.

Feche a panela e leve ao fogo na pressão por meia hora.

Café gelado

1 copo de leite, 2 colheres de sopa de café solúvel, 3 colheres de sopa bem cheias de açúcar, 1 copo de gelo

Coloque no liquidificador o leite, o café e o açúcar. Bata todos os ingredientes.

Depois, adicione o gelo, bata rapidamente e sirva.

Mil folhas

1 pacote de biscoito folhado Zezé, 1 pote de doce de leite, açúcar de confeiteiro a gosto, morangos para enfeitar

Divida a bolacha folhada Zezé ao meio. Passe o doce de leite em uma das partes divididas. Para facilitar, você pode usar uma bisnaga para enfeitar e depois polvilhe com açúcar de confeiteiro. A dica é também usar morangos no acabamento.

Depois disso está pronto. Fácil, prático e delicioso.

Enfeite de natal comestível

1 molho de brócolis, ½ molho de couve-flor, tomate cereja, palitos salgados, pimentão amarelo em tiras

Ferva os brócolis e a couve-flor levemente, para que mantenham a cor e permaneçam firmes. Ao esfriar, faça uma camada com a couve-flor, como se fosse o solo. Para o caule, use os palitos salgados. Logo após, vá acrescentando as camadas de brócolis formando um pinheiro. Entre as camadas, enfeite com tomates cereja. Para finalizar, faça uma estrela com os fios de pimentão. Fica lindo. Pode ser degustada com o molho abaixo.

Molho:
1 xícara de maionese, ½ xícara de iogurte natural, ½ cenoura picada, pimentão amarelo picado, ½ tomate picado, 2 pepinos em conserva picados

Misture a maionese, o iogurte, a cenoura, o tomate, os pepinos, os pimentões picados para que todos os ingredientes se agreguem. Quando tudo estiver pronto, sirva a árvore com o molho ao lado.

FRUTAS AGRIDOCES

5 maçãs com casca, sem o miolo e cortadas em quatro partes, 4 peras com casca, sem o miolo e cortadas em quatro partes, ½ xícara de mel, 3 colheres de sopa de mostarda, 1 colher de chá de molho de pimenta, 1 pedaço de canela em pau, 1 xícara de cafezinho de suco de laranja, 100 g de uvas-passas, 2 colheres de sopa bem cheias de açúcar mascavo

Coloque as frutas cortadas numa panela com o restante dos ingredientes. Deixe cozinhar até que fiquem macias, porém firmes. Na panela, deixe entre 10 e 15 minutos. Depois disso está pronto.

FAROFA FLOCADA

farinha de milho em flocos, 400 g de linguiça, 1 cebola picada, salsão a gosto, ¼ de xícara de água, 1 pitada de pimenta-do-reino, 1 pitada de sálvia seca, sal a gosto, 2 ovos batidos

Em uma frigideira, frite a linguiça até dourar. Não é necessário adicionar óleo. Depois disso, retire a linguiça e coloque num recipiente. A dica é utilizar um papel toalha para retirar a gordura.

Na sequência, coloque a cebola e o salsão picados para refogar. Em seguida, coloque a água na frigideira e misture bem os ingredientes durante 5 minutos.

Depois, adicione uma pitada de pimenta-do-reino e o sal. Acrescente ainda a sálvia seca, mexa mais um pouco.

Em seguida, coloque a farinha de milho flocada. Misture todos os ingredientes de forma homogênea. Coloque os ovos batidos, mexa bem e por último acrescente a linguiça.

Rabanada de luxo

1 panetone de frutas cristalizadas, ½ lata de leite condensado, 1 copo de vinho do porto (ou vinho que tiver, mais doce), 2 ovos, açúcar para polvilhar

Corte o panetone em fatias grossas. Em um recipiente misture bem a meia lata de leite condensado ao copo de vinho do porto (ou a sua escolha).

Bata 2 ovos em um outro recipiente que depois possa mergulhar a fatia do panetone.

Molhe a fatia primeiro no recipiente que contém o leite condensado e o vinho, depois mergulhe no outro que contém os ovos batidos. Frite até ficar consistente.

Polvilhe açúcar na rabanada.

Torta fria tropical

1 pão de torta fria, ½ xícara de leite, ½ vidro de pepino em conserva, 200 g de maionese, 1 copo de iogurte natural, 1 tomate, 1 cenoura ralada, 1 abacaxi, 1 colher de sopa de mostarda, 100 g de queijo ralado grosso, 2 latas de sardinha, 1 lata de atum, 3 colheres de sopa de requeijão, azeite

Misture a maionese com o iogurte, o requeijão, a mostarda e um pouquinho de azeite. Esse creme será utilizado para cobrir as camadas da torta fria.

Corte em fatias finas: pepino, tomate, abacaxi e a cenoura deixe ralada.

Umedeça levemente cada uma das fatias do pão com leite. Na sequência passe o creme. A segunda camada, recheie com sardinha e atum misturados. Na terceira, coloque fatias de tomate e queijo ralado. Na quarta camada, o recheio é o abacaxi e a cenoura ralada. Coloque a última fatia e depois é só cobrir toda a torta com o creme.

Por último, é bacana decorar com os ingredientes picados usados no recheio da torta.

Polenta do Harry's Bar (Veneza)

500 g farinha de milho média ou grossa, 2 litros de água, colher de sal, ½ xícara de queijo parmesão ralado, colheres de sopa de manteiga

Este é um dos pratos de mais prestígio, como acompanhamento ou mesmo como prato principal, do Harry's Bar, em Veneza, dos bons tempos. Arrigo Cipriani, dono e filho do fundador do restaurante, em seu livro *The Harry's Bar Cookbook*, assim se refere à polenta: "That wonderful peasant dish of cornmeal mush".

Ferva a água numa panela, misturando bem o sal. Despeje a farinha de milho aos poucos, mexendo continuamente com uma colher de pau. Depois de misturar toda a farinha, levante o fogo até abrir fervura novamente. Baixe o fogo e mexa a polenta até desgrudar do fundo, cozinhando bem a farinha. O ponto da polenta, mais líquido ou de um cremoso mais denso, pode ser regulado com mais ou menos, água.

Antes de retirar a polenta do fogo, acrescente as duas colheres de manteiga e ½ xícara de queijo ralado, sempre mexendo bastante com a colher de pau.

A polenta pode ser um prato principal, servindo-a cremosa com um molho bem temperado e carne moída, miúdos ou galinha desfiada por cima.

Sanduíche quente de verão

2 potes de iogurte natural, 2 vidros de requeijão, 4 pães de forma sem casca ou pão para torta fria, 4 latas de atum com óleo, manteiga para untar, queijo mozzarella ralado grosso

Para o molho, misture o requeijão com o iogurte.

Unte com manteiga a forma, forre o fundo com metade das fatias de pão.

Distribua parte do atum, em seguida metade do molho de iogurte e depois o queijo.

Ponha mais uma camada de pão, o restante do atum, o molho e mais queijo.

Depois leve ao forno preaquecido em 180 graus por 40 minutos ou até dourar.

Corte em quadrados e sirva ainda quente!

Suco refrescante

suco de laranja, 1 caixa de morangos, pedaços de melancia, folhas de hortelã, gelo

Bata tudo no liquidificador e depois coloque em uma jarra. Adicione folhas de hortelã e gelo. Super-rápido e refrescante.

Pão de mel

100 g de manteiga, 1 xícara de açúcar mascavo, ½ xícara de mel, 3 xícaras de farinha de trigo, ½ xícara de leite, 2 ovos, 2 colheres de sopa de chocolate em pó, 1 colher de chá de café solúvel, 1 colher de chá de cravo-da-índia moído, 1 colher chá de canela em pó, 1 colher chá de bicarbonato de sódio, 1 colher chá de fermento químico, 1 pote de doce de leite (ou ferva uma lata de leite condensado na panela de pressão durante 40 minutos após iniciar a pressão), chocolate ao leite para cobertura (pode usar o chocolate fracionado próprio para cobertura)

Misture todos os ingredientes e acrescente a farinha até ficar uma massa um pouco mais consistente que a de um bolo.

Coloque as colheradas em forminhas untadas e enfarinhadas, mais ou menos por 20 minutos, em forno médio a 180 graus. Cuide para não deixar endurecer.

Depois de frio, parta ao meio e recheie com doce de leite. Depois banhe no chocolate derretido. Deixe secar o chocolate e está pronto para ser saboreado!

Molho putanesca

azeite, alho picado, 50 g de anchova, 1 colher de sopa de orégano, 6 azeitonas pretas inteiras, 2 colheres de sopa de alcaparras, 1 lata tomate inteiro sem pele com suco, 3 tomates picados, sal a gosto, queijo ralado

Coloque o azeite, o alho picado, a anchova, a azeitona, as alcaparras e o tomate picado. Quando se criar o molho, entra o tomate sem pele com o suco, uma pitada de sal e o orégano. Finalize com queijo ralado.

A dica é cozinhar 500 g de espaguete na panela do molho.

Molho bechamel

1 colher de sopa de manteiga, 1 cebola, 1 dente de alho, 2 colheres de sopa de farinha de trigo, 500 ml de leite, sal, pimenta, 1 colher de sopa de queijo ralado

O primeiro passo é colocar os ingredientes no liquidificador: cebola, alho, manteiga, queijo ralado, farinha de trigo e o leite. Bata até ficar homogêneo.

Adicione sal e pimenta e leve à mistura para uma panela. Em fogo médio, mexa até ficar em consistência ideal. O molho-padrão se assemelha ao iogurte.

Molho ao sugo

3 tomates maduros, 1 lata de extrato de tomate, 2 cebolas, 2 colheres de farinha de trigo, 2 xícaras de água, 1 dente de alho, 1 xícara de cafezinho de shoyu, folhas de manjericão, sal a gosto

Bata no liquidificador: tomate, cebola, shoyu, água, extrato de tomate, farinha de trigo, alho e uma pitada de sal.

Após bater, coloque a mistura em uma panela e deixe ferver até engrossar o molho. Por último adicione o manjericão.

Cachorrinho de festa

2 colheres rasas de sopa de açúcar, 1 colher de chá de sal, 3 colheres sopa de fermento biológico, 1 e ½ copo de água morna, 6 colheres de sopa de óleo, 500 g de farinha de trigo, 1 colher de chá de melhorador de pão (opcional), 1 gema para pincelar, salsichas para o recheio

Primeiro misture os ingredientes antes de adicionar a farinha de trigo. Logo após, acrescente a farinha até formar uma massa homogênea que desgrude das mãos. O importante é a massa não ficar muito dura nem muito mole. Abra os pedaços da massa em cima de uma superfície enfarinhada e coloque a salsicha, em seguida, enrole até formar um cachorrinho. Unte uma forma grande com óleo, coloque os cachorrinhos e pincele com uma gema. A dica é acrescentar uma colher de chá de óleo à gema. Isso deixa o cachorrinho mais dourado.

Leve ao forno médio por aproximadamente 35 minutos. Depois disso, está pronto!

Rapadurinha de corte

115 g de manteiga, 450 g de açúcar, 1 lata de leite condensado, 1 colher de sopa de doce de leite, 150 ml leite, 1 colher de chá de essência de baunilha

Coloque todos os ingredientes na panela. Misture e leve ao fogo, mexendo sempre até levantar fervura. Continue mexendo até que, passando a colher, você possa ver o fundo da panela, como se estivesse desgrudando. Logo após, deixe esfriando por cinco minutos.

Leve à batedeira para marmorizar/açucarar o creme.

Coloque em uma forma retangular de tamanho médio, forrada com papel manteiga no fundo e dos lados, para formatar a rapadura. Depois de esfriar bem, pode ser cortada em pedaços de vários tamanhos.

Dica: Faça a receita e deixe para cortar no dia seguinte.

Torta de Pão à Calabresa

6 pães adormecidos, 100 g de queijo parmesão ralado, 400 g de linguiça calabresa fatiada finamente, 4 xícaras de leite, 3 ovos, ½ xícara de óleo, 1 sachê de fermento biológico seco (10g), 1 pote de requeijão, 1 cebola em fatias, sal, orégano

Faça a massa em uma tigela. Pique o pão adormecido com a mão. Depois despeje o leite e com as mãos agregue bem. Enquanto isso, no liquidificador, coloque o óleo, os ovos, o queijo ralado e uma pitada de sal. Bata tudo até misturar. Aos poucos, adicione o pão umedecido no liquidificador e vá batendo. Coloque o requeijão e o restante do pão umedecido e bata novamente. Depois disso, adicione o fermento biológico e bata lentamente tudo.

Em uma travessa untada com manteiga, espalhe bem a massa feita no liquidificador. Depois faça uma camada com queijo ralado, outra de fatias de linguiça calabresa, na sequência uma camada de cebola e por último espalhe orégano.

Asse em forno preaquecido em 200 graus por cerca de 1 hora e 10 minutos ou até que, ao enfiar um palito no centro, este saia limpo e seco. Uma dica é substituir a linguiça por presunto em cubos ou salame fatiado. Sirva quente.

Cachorrinho de madame

8 pães de cachorrinho tipo massinha, presunto, queijo mozzarella, bacon frito, tempero verde

Recheio I: ovos mexidos
6 ovos inteiros

Recheio II: carne moída
500 g de carne moída, sal, pimenta, 4 dentes de alho picados

Recheio III: frango ao molho barbecue
2 xícaras de frango desfiado, 2 cebolas roxas cortadas em lascas, azeite de oliva, 1 e ½ xícara de molho de tomate, 2 colheres de sopa de molho inglês, 1 colher de sopa de mostarda, 2 colheres de sopa de açúcar mascavo, 1 colher de sopa de vinagre branco, sal, pimenta

Recheio I:

Em uma panela comece o recheio, bata os 6 ovos inteiros e cozinhe-os em uma frigideira.

Recheio II:

Misture todos os ingredientes e forme um tapete para cobrir os pães.

Recheio III:

Para o molho, coloque o azeite de oliva e refogue uma cebola ralada, acrescente o molho de tomate, o molho inglês, a mostarda, o açúcar mascavo, o vinagre, o sal e a pimenta. Deixe cozinhar por 15 minutos e misture com o frango desfiado.

MONTAGEM:

Coloque os pães cortados no sentido horizontal unidos um ao outro. Coloque a parte de baixo na assadeira e reserve a parte de cima dos pães.

Coloque o recheio escolhido como a primeira camada, em seguida coloque uma camada de presunto, queijo mozzarella, bacon frito e tempero verde.

Cubra com as camadas superiores dos pães, pincele com manteiga.

Leve ao forno por aproximadamente 20 minutos, forno a 160/180 graus.

TORTA DA VOVÓ

MASSA:
4 xícaras de farinha de trigo, 1 lata de creme de leite sem o soro, 2 ovos, 1 colher de chá de sal, 1 colher de chá de fermento químico em pó, 1 colher de sopa de açúcar, 1 gema para pincelar

RECHEIO:
5 maçãs descascadas e fatiadas, 1 colher de sopa de suco de limão, ¾ de xícara de açúcar, 2 colheres de sopa de amido de milho, 1 colher de chá de canela em pó, 1 colher de chá de noz-moscada, manteiga

MASSA:

Em um recipiente, misture a farinha, os ovos, o creme de leite, o açúcar, o sal e o fermento até soltar das mãos.

Passe a massa para a bancada e sove. Forme uma bola, embrulhe no filme plástico e deixe descansar por 30 minutos.

Abra a metade da massa com o auxílio de um rolo e forre uma forma de fundo falso ou uma forma redonda. Abra o restante da massa e faça tiras para cobrir a torta.

RECHEIO:

Em uma tigela, misture as fatias de maçã com o suco de limão, o açúcar, o amido de milho, a canela e a noz-moscada. Coloque o recheio sobre a massa e salpique com pedacinhos de manteiga. Abra a metade da massa restante, faça tiras e cubra toda a torta. Pincele com uma gema. Asse em forno moderado até que a massa esteja bem dourada.

TORTA DE PRAIA

RECHEIO:

óleo, 2 cebolas cortadas em tiras, ½ pimentão verde, ½ pimentão vermelho, 500 g de carne cozida grosseiramente desfiada, 1 xícara de molho de tomate, sal a gosto, pimenta a gosto, ½ xícara de azeitonas verdes picadas, 2 potes de requeijão, ½ xícara de cheiro-verde picado

MASSA:

3 xícaras de farinha de trigo, 1 lata de creme de leite sem soro, 2 ovos, 1 colher de chá de sal, 1 colher de chá de fermento químico em pó, 1 gema batida para pincelar

Na panela de pressão, coloque a carne, uma cebola, água, pimenta e óleo. Após a pressão iniciar, deixe cozinhar por 30 minutos. Desfie e reserve.

Em um recipiente, misture a farinha, os ovos, o creme de leite, o sal e o fermento até soltar das mãos. Se for preciso, junte um pouco mais de farinha ou creme de leite, vai depender do tamanho do ovo. Embrulhe no filme plástico e deixe descansar por 30 minutos.

Abra a metade da massa com o auxílio de um rolo e forre uma forma de fundo falso. Abra o restante da massa e reserve para tampar a torta.

Em uma panela, coloque o óleo e refogue a cebola até ficar dourada. Acrescente o pimentão vermelho e o pimentão verde, a carne desfiada, o sal e a pimenta. Mexa e coloque o molho de tomate, deixe cozinhar por 8 a 10 minutos. Acrescente o tempero verde e as azeitonas.

Montagem:

Coloque o recheio sobre a massa na forma. Distribua o requeijão e cubra com a massa reservada, fechando bem as beiradas.

Decore a gosto com as sobras de massa. Pincele com a gema e leve ao forno a 180 graus preaquecido por uns 30 minutos.

BATATAS AO FORNO

8 a 10 batatas-inglesas fervidas e descascadas, 1 copo de requeijão, queijo ralado, tempero verde picado a gosto

Coloque as batatas previamente cozidas em um prato refratário untado com azeite.

Acrescente colheradas de requeijão por cima das batatas, queijo ralado e leve ao forno até que o requeijão derreta.

Retire do forno e polvilhe o tempero verde.

SALADA CARNAVAL

MOLHO:
1 pote de iogurte natural, shoyu

Misture e reserve.

SALADA:
150 g de milho verde em conserva, 1 cenoura ralada, 1 cebola média picada, 2 tomates picados, 2 pepinos em conserva em rodelas

Misture todos os ingredientes e coloque o molho por cima da salada.

Moranga caramelada

½ moranga cabotiá cortada em fatias e com casca, 1 e ½ xícara de chá de açúcar

Em uma panela, coloque o açúcar para derreter até ficar um caramelo.

Coloque as fatias de moranga com a casca virada para cima e um pouco de água. Deixe ferver até ficar macia, sempre cuidando para não secar totalmente. Mantenha o fogo baixo durante o cozimento. Vá virando as fatias da moranga para que ela possa cozinhar no caramelo em todos os lados. Se precisar vá colocando um pouquinho de água. Quando observar que a moranga está macia e na cor de um caramelo mais escuro, está pronta.

Torta de sardinha

250 g de pão francês ou pão de sanduíche, ½ litro de água, 1 cebola picada, 3 colheres de sopa de extrato de tomate, 3 ovos, 3 latas de sardinha com o óleo, 1 lata de ervilha, sal a gosto, pimenta a gosto, 1 colher de sopa de fermento químico, óleo

Inicie cortando os pães em pedaços. Pode ser pão francês, pão de sanduíche, ou o que tiver em casa, mas tem que ser o famoso "pão dormido", o pão de um dia para outro. Arrume os pedaços de pão em um recipiente e cubra com a água. Deixe o pão de molho na água.

Agora, no fogão prepare um refogado. Frite a cebola bem picada em um pouco de óleo. Quando a cebola começar a amolecer, coe a sardinha, esmague com um garfo e adicione na frigideira. Também coloque o extrato de tomate, um pouco do óleo da própria sardinha, o sal e a pimenta a gosto. Misture tudo, deixe cozinhar por uns minutos e desligue o fogo. Adicione ao refogado a ervilha e misture. Reserve.

Leve à batedeira os ovos, uma pitada de sal e bata até dobrar de volume.

Agora, pegue o recipiente com o pão de molho e com um fouet ou com dois garfos misture o pão para se desmanchar. Logo acrescente ao refogado da frigideira, misturando bem. Acrescente os ovos batidos, o fermento peneirado e mexa.

Disponha em uma forma com furo no centro, previamente untada com óleo. Leve ao forno preaquecido em temperatura média por 1 hora em banho-maria, coberta com papel alumínio. Faltando 15 minutos, remova o papel alumínio.

Retire do forno e sirva. A torta de sardinha pode ser servida quente ou fria.

Dica: Sirva com uma salada verde e tomates.

Torta rústica de batata-doce com carne-seca

Massa:
2 xícaras de farinha de trigo, 1 xícara de amido de milho, 1 gema, 150 g de manteiga ou margarina, ½ colher de chá de sal

Recheio:

1 e ½ colher de sopa de manteiga, 1 cebola pequena picada, 250 g de batata-doce cozida e amassada, 200 g de carne-seca cozida e desfiada, ½ xícara de leite, ½ colher de chá de sal, 1 colher de sopa de salsinha picada, 1 ovo batido, 3 colheres de sopa de queijo ralado

Massa:

Em um recipiente, junte a farinha de trigo, o amido de milho, a gema, a manteiga e o sal. Amasse com a ponta dos dedos até que a massa fique lisa e homogênea.

Abra a massa grosseiramente em uma forma de fundo removível ou em uma forma para quiche e molde todo o fundo e as laterais. Reserve.

Recheio:

Em uma panela, aqueça em fogo médio 1 colher de manteiga e frite a cebola até dourar.

Junte a batata-doce, o sal, a carne-seca, o leite, acrescente o restante da manteiga e da salsinha. Misture até obter uma mistura cremosa, coloque em um prato para amornar e reserve.

Coloque o recheio sobre a massa reservada, cubra com o ovo e polvilhe o queijo ralado.

Leve ao forno a 180 graus por 25 a 30 minutos ou até dourar.

Sirva quente ou morna acompanhada de uma salada verde e tomates.

Croquete na Pressão

azeite de oliva, 500 g de carne de paleta sem osso cortada em cubos, 1 colher de sopa de shoyu, 1 cebola cortada em cubos, 3 dentes de alho, sal a gosto, pimenta-do-reino a gosto, ½ xícara de vinho tinto seco, 2 colheres de sopa de extrato de tomate, 1 e ¾ de xícara de caldo de carne, ¼ de maço de salsinha picada, 1 xícara de leite, 3 colheres de sopa de farinha de trigo, 3 ovos, 1 e ½ xícara de farinha de rosca, 1 limão, mostarda a gosto

Aqueça uma panela, regue com azeite e frite a carne. Adicione o shoyu, o alho, a cebola, e refogue bem. Coloque o extrato de tomate, adicione o vinho tinto e deixe o álcool evaporar. Tempere com pimenta-do-reino.

Adicione o caldo de carne. Tampe e deixe cozinhar por aproximadamente 40 minutos na pressão em fogo baixo. Depois, retire a carne da panela, coloque em uma tábua e, com o auxílio de garfos, desfie a carne.

Em uma frigideira, cozinhe por mais 5 minutos sem a tampa para secar um pouco o caldo e adicione o sal e a salsinha picada. Reserve.

Dissolva a farinha de trigo no leite e junte à carne. Cozinhe até obter uma massa firme. Reserve para esfriar. Molde os croquetes e empane nos ovos batidos e depois na farinha de rosca. Frite em óleo quente até dourar, escorra em papel absorvente e sirva com limão e mostarda.

Torta gratinada de frango

2 a 3 colheres de sopa de azeite de oliva, 1 cebola cortada em cubos, 1 dente de alho picado, 700 g de frango cozido e desfiado, 1 xícara de molho branco (usamos o molho bechamel), 2 xícaras de requeijão cremoso, sal a gosto, pimenta-do-reino a gosto, 1 pitada de orégano, 1 pacote de pão de torta fria ou pão de sanduíche sem a casca, 200 g de presunto, 200 g de queijo mozzarella ralado

Bata tudo no liquidificador. Leve a mistura ao fogo médio, mexendo até engrossar.

Quando engrossar desligue o fogo e utilize.

Em uma panela, coloque o azeite, refogue o alho e a cebola.

Junte o frango desfiado e refogue. Em seguida, coloque o molho bechamel e o requeijão.

Tempere com orégano, sal e pimenta-do-reino.

Unte uma forma retangular com óleo e intercale camadas de pão de torta fria uma ao lado da outra, o frango com o molho, o presunto e o queijo. Mais uma camada de pão de torta fria, o frango, o presunto e finalize com a última camada de queijo. Polvilhe orégano e leve ao forno a 180 graus por 20 minutos ou até gratinar.

Molho branco

½ litro de leite, 50 g de manteiga, 2 colheres de sopa bem cheias de farinha de trigo

Bata tudo no liquidificador. Leve a mistura ao fogo médio, mexendo até engrossar.

Quando engrossar, desligue o fogo e utilize.

Torta de linguiça

Massa:
1 kg de aipim, 3 ovos, ½ copo de óleo, ½ copo de leite, 1 tablete de caldo de carne

Refogado:
500 g de linguiça fininha ou de sua preferência, 2 tomates picados, 2 cebolas médias picadas, 1 dente de alho picado, ½ copo de suco de laranja (usamos o suco de 1 laranja grande), 3 colheres de extrato de tomate, azeite de oliva

Comece cozinhando o aipim da maneira da sua preferência. Utilizamos a panela de pressão para cozinhar. Quando estiver macio, se desmanchando, retire da panela e coloque em um recipiente. Com o auxílio de um garfo amasse até ficar um purê. Reserve.

Em uma panela com um pouco de azeite de oliva, coloque a linguiça cortada em rodelas pequenas e refogue. Deixe fritar um pouco. Adicione a cebola, o alho, o tomate, e o extrato de tomate. Mais uns minutinhos e acrescente o suco de laranja. Baixe o fogo. Quando estiver com uma cor bonita e a linguiça pronta, desligue.

No liquidificador, coloque os ovos, o leite, o óleo e o caldo de carne. Acrescente essa mistura ao aipim reservado. Misture bem até obter uma massa uniforme.

Unte um refratário grande e intercale uma camada de massa de aipim, em cima o refogado de linguiça e, por último, mais uma camada de massa.

Cubra o refratário com papel alumínio e leve ao forno preaquecido a 180 graus por 20 minutos. Depois desse tempo retire o papel alumínio e deixe por mais 20 minutos, ou até dourar a parte de cima da torta de aipim com linguiça.

Torta de atum

½ xícara de óleo, 1 e ¼ de xícara de leite, 3 ovos, 2 xícaras de farinha de trigo, 1 colher de sopa de fermento químico em pó, 2 tomates picados, 2 latas de atum sem óleo, 200g de queijo mozzarella cortado em cubos, 1 pote de requeijão, salsa picada a gosto, sal a gosto, pimenta-do-reino a gosto

Pique o tomate e o queijo em cubos. Corte a salsa e reserve. No liquidificador, bata os ovos, o óleo, o leite, a farinha e o fermento.

Em um recipiente, misture o tomate, o atum, a mozzarella e a salsa. Tempere com sal e pimenta-do-reino a gosto.

Para montar a torta, em uma forma de 22 cm de diâmetro untada com óleo, coloque metade da massa, cubra com o recheio, acrescente o requeijão e cubra com o restante da massa. Leve ao forno preaquecido a 180 ou 200 graus durante 40 minutos ou até dourar.

Rabanada com raspas de laranja

pão francês ou de sua preferência amanhecido, 2 ovos, ¾ de xícara de leite, ¾ de xícara de açúcar, óleo para fritar, raspas de laranja, canela em pó

Corte os pães em fatias grossas. Em um prato fundo, coloque o leite e ¼ do açúcar. Em outro prato, bata os ovos. Misture o restante do açúcar e a canela e reserve.

Passe as fatias de pão no leite com o açúcar, repita o processo passando-as nos ovos e colocando diretamente no óleo em temperatura média. O óleo deve ficar na metade das rabanadas.

Quando estiverem douradas em um lado vire e doure do outro. Assim que estiverem prontas, tire e coloque em um prato com papel absorvente.

Disponha as rabanadas em uma travessa, polvilhe a mistura do açúcar e canela. Decore com as raspas de laranja.

Salada empacotada com iogurte

1 pé de alface-americana, 1 maço de rúcula, 2 cebolas médias em anéis finos, 2 tomates médios, 250 g de presunto, 300 g de queijo em fatias, 1 abacaxi pequeno em rodelas finas, 2 cenouras médias raladas, ½ vidro de pepino em conserva, sal a gosto, pimenta-do-reino a gosto

Molho:
1 pote de iogurte natural, ½ xícara de creme de leite, 1 colher de chá de açúcar, 1 colher de sopa de mostarda,

1 pitada de sal, 1 dente de alho picado, páprica picante a gosto

Em uma tigela, coloque o iogurte natural, o creme de leite, a mostarda, o alho, o sal, o açúcar e a páprica picante. Misture tudo e está pronto o molho.

Montagem:

Em uma forma de fundo removível, acomode ⅓ das folhas de alface lavadas e escorridas.

Sobre elas coloque em camadas os ingredientes da receita: queijo fatiado, tomates, sal, pimenta-do-reino moída, presunto, cenoura ralada e folhas de rúcula.

Antes de acrescentar as cebolas tire a sua acidez com um pouco de água quente.

Repita a camada de fatias de presunto, o pepino em conserva bem picadinho, o abacaxi em fatias finas, o restante do queijo e finalize com as folhas de alface. Aperte bem.

Cubra com papel filme, coloque um peso para pressionar bem a salada e leve à geladeira por 30 minutos. Se preferir, faça a salada de um dia para o outro.

Desenforme a salada em um prato, decore como preferir e sirva gelada com o molho.

Iogurte natural caseiro

1 litro de leite integral (usamos leite de saquinho), 1 pote de iogurte natural sem açúcar (170 g)

Coloque o leite em uma leiteira e leve ao fogo baixo. Deixe ferver e desligue o fogo. Deixe o leite amornar. Para verificar a temperatura, coloque o dedo dentro do leite. Você deve conseguir mantê-lo por 10 segundos. Esse é o ponto-chave da receita: quando muito quente, o leite pode matar os micro-organismos responsáveis pela formação do iogurte, quando muito frio, ele não estimula o crescimento e atividade deles.

Acrescente o pote de iogurte na leiteira e misture delicadamente. Tampe a leiteira e embrulhe num pano grosso. A ideia é manter o leite aquecido. Deixe descansar por no mínimo 8 a 12 horas, dependendo da temperatura do ambiente. Se preferir, prepare na noite anterior. Depois de pronto, leve para a geladeira por pelo menos 2 horas antes de servir.

Escondidinho de frango

*azeite de oliva para refogar, 1 cebola picada, 1 dente de alho picado, frango desfiado, sal a gosto, pimenta-do-
-reino a gosto, 1 xícara de passata de tomate ou extrato de tomate, salsinha picada a gosto, 1 e ½ xícara de queijo mozzarella*

Em uma frigideira, coloque o azeite e refogue a cebola e o alho. Coloque o frango desfiado e tempere com sal e pimenta-do-reino. Adicione a passata de tomate, misture bem e deixe cozinhar até o molho ficar consistente. Junte a salsinha e coloque em uma forma refratária. Adicione o queijo. Com auxílio de mangas de confeitar, disponha os três purês das receitas abaixo intercalados.

Leve ao forno a 200 graus por 15 minutos.

PURÊ DE ESPINAFRE:
folhas de 1 maço de espinafre cozido, 1 xícara de leite, 3 colheres de sopa farinha de trigo, 1 colher de sopa de manteiga, sal a gosto, noz-moscada a gosto

Bata no liquidificador o espinafre, o leite, a farinha de trigo e a manteiga. Tempere com sal e noz-moscada.

Coloque em uma panela e leve ao fogo baixo, sempre mexendo, até engrossar. Reserve.

PURÊ DE BETERRABA:
2 beterrabas cozidas, 1 xícara de leite, 2 colheres de sopa de farinha de trigo, 1 colher de sopa de manteiga, sal a gosto, noz-moscada a gosto

Bata no liquidificador a beterraba, o leite, a farinha de trigo e a manteiga. Tempere com sal e noz-moscada.

Coloque em uma panela e leve ao fogo baixo, sempre mexendo, até engrossar. Reserve.

PURÊ DE CENOURA:
2 cenouras picadas, 1 xícara de leite, 2 colheres de sopa de farinha de trigo, 1 colher de sopa de manteiga, sal a gosto, noz-moscada a gosto

Bata no liquidificador a cenoura, o leite, a farinha de trigo e a manteiga. Tempere com sal e noz-moscada

Coloque em uma panela e leve ao fogo baixo, sempre mexendo, até engrossar. Reserve.

Castelo de sardinhas

fatias de pão de sanduíche (9 fatias em média, depende do tamanho do seu refratário), 2 latas de sardinha (escorra o óleo e reserve), 1 tomate grande picado, 1 cebola média picada, 3 colheres de sopa de extrato de tomate, 100 g de queijo ralado, azeite de oliva, sal

Pique o tomate e a cebola e reserve.

Prepare o refogado: em uma panela coloque 3 colheres de sopa do óleo de sardinha. Em seguida coloque a cebola picada. Deixe dourar levemente.

Com o auxílio de um garfo, esmague as sardinhas. Coloque na panela. Mexa e misture bem com a cebola. Acrescente o tomate picado e o extrato de tomate. Misture. Coloque sal a gosto e adicione o restante do óleo da sardinha. Deixe se formar um refogado, cozinhando uns minutos e está pronto.

Corte as fatias de pão ao meio. Forre o fundo do refratário com fatias em formatos quadrados. Com a parte triangular, construa a lateral do castelo, distribuindo as fatias na lateral do refratário.

Arrume o refogado no refratário e salpique com queijo ralado. Com o auxílio de um pincel, passe azeite de oliva no pão que ficará exposto. Leve o refratário ao forno preaquecido a 180 graus por 15 a 20 minutos ou até dourar bem o queijo. Sirva o castelo de sardinhas com uma salada verde.

Dica: Bata o queijo ralado no liquidificador, assim o queijo ficará mais fino e saboroso.

Torta de fogão

Refogado:

manteiga para refogar, 1 cebola pequena cortada em cubos, 1 dente de alho picado, 300 g de peito de frango cozido e desfiado, 3 colheres de sopa de extrato de tomate, 1 pitada de sal, 1 colher de chá de orégano

Massa:

1 ovo, 1 copo de leite, 4 colheres de sopa de azeite de oliva, 6 colheres de sopa de farinha de trigo, 1 colher de sopa de amido de milho, 1 pitada de sal, 1 colher de chá de fermento químico, 100 g de queijo mozzarella ralado grosso, 200 g de catupiry

Coloque para cozinhar na pressão o peito de frango. Após pegar a pressão, deixe no fogo médio por 30 minutos. Retire a pressão da panela, escorra o caldo do frango e reserve. Deixe na panela somente o peito de frango. Com o frango cozido e ainda quente, sacuda a panela, faça movimentos de cima para baixo, para os lados, até o frango desfiar completamente.

Em uma frigideira, refogue o frango desfiado, o alho, a cebola e a manteiga.

Adicionar um pouco do caldo de frango reservado, o extrato de tomate, uma pitada de sal e o orégano. Reserve.

No liquidificador, bata a farinha de trigo, o ovo, o leite, uma pitada de sal, o amido de milho e o azeite. Disponha em uma tigela e agregue o fermento delicadamente.

Aqueça uma frigideira untada com azeite em fogo médio. Despeje a massa. Cozinhe em fogo baixo por uns 5 minutos.

Vire a massa, espalhe o frango desfiado com molho, polvilhe o queijo mozzarella e coloque colheradas de catupiry pela torta. Espere o queijo derreter e sirva.

ÍNDICE

CARNES
Costela no envelope 13
Fios de carne com talharim 13
Porquinho francês 15
Bifão italiano 15
Costelinha americana 16
Porquinho coroado 17
Almôndegas do Alarico 18
Vazio cheio 19
Pernil folhado 20
Saltimbocca à la romana 20
Steak au poivre 21
Costelinha de porco da virada 22
Churrasco de apartamento 23
Torta de carne 24
Costela ao molho de laranja 25
Vitela ao forno 26
Porquinho sem pressa 26
Churrasco na pressão com carvão 27
Costela campeira 28
Charque campeiro 28
Porquinho à parmegiana 29
Carne francesa 30
Pernil na cerveja 31
Lombo da virada 32
Rocambole à Califórnia 32
Matambre na pressão 33
Porquinho de Paris 34
Picadinho do rei 35
Porquinho desossado 36
Ossobuco primavera 36
Lombo ao molho de ameixas 37

Carne com vinho na panela... 38
Vaca atolada 39
Bife enrolado 40

AVES
Frango de gravata... 43
Galinha escabelada... 44
Coxinhas bem temperadas 45
Frango 4 latas 46
Peru atropelado.. 47
Torta de frango 47
Frango do bafômetro 48
Galinha de ouro 49
Frango à parmegiana 50
Frango desossado e recheado 51
Peru premiado com farofa.. 52
Frango turbinado 53
Frango xadrez... 54
Frango de festa 55
Frango agridoce.. 56
Frango fardado... 57

PEIXES E FRUTOS DO MAR
Peixe ao molho vermelho.. 61
Fritada do mar.. 61
Bacalhau às natas... 62
Tainha na grelha... 64
Santo peixe 64
Forminhas de atum.. 65
Linguado ao catupiry... 65
Almôndegas de peixe 66
Bacalhau às latas.. 67
Bifinhos de salmão... 68
Camarão farroupilha 69
Frutos do mar em festa 70
Peixe feliz.. 71

Moqueca de camarão 72
Bolinho de bacalhau 72

Arroz
Paella rio-grandense 75
Arroz de couve 76
Arroz da china pressionada 76
Arroz cru em camadas 77
Arroz cremoso 78
Arroz de costela 79
Arroz naturalista 80
Arroz branco 80
Arroz branco do Anonymus 81
Arroz temperado 81
Arroz à parmegiana 82
Risoto campeiro 83
Arroz com manteiga do Anonymus 84
Arroz colorido 84
Arroz de china rica 84

Massas
Enroladinho do Chaves 89
Massa carbonara 90
Enroladinho italiano 90
Lasanha enrolada 91
Nhoque Porto Alegre 92
Espaguete 4 carnes 94
Macarrão da praia 95
Macarrão com linguiça na pressão 96
Lasanha de cappelletti 96
Espaguete dinamarquês 97
Talharim ao pesto 98
Massa com bacalhau 99
Macarrão mafioso 99
Lasanha de bolacha 100

CALDOS E SOPAS
Sopa gaúcha 105
Sopa de batata-doce 105
Sopa de tomate 106
Sopa de cebola 107
Cassoulet 107
Sopa de ervilhas 109
Sopão do amor 109
Sopa de aipim 110

PÃES, CUCAS E BOLOS
Pão de laranja com recheio de goiabada 113
Bolo de milho 114
Massa de cuca 115
Pão mágico 117
Bolo de cenoura recheado 117
Bolo calda de laranja 118
Bolo natureba 119
Cupcake de maçã da minichef Sofia 120
Brownie com creme de avelã da Julia 120
Pizza enrolada 121
Bolo de uvas 123
Rolo do Anonymus 124
Bolo de guaraná 125
Cuca de frango 125
Bolo romeu e julieta 127
Cuca majestosa 127
Rocambole mágico 129
Pretzel: pão tradicional alemão 130
Bolo Botafogo 131
Pãozinho de churrasco 132
Panetone e chocotone 132
Pãozinho de batata-doce 133
Torta Iberê 134
Torta Mima 135
Bolo da Páscoa 135

Bolo de iogurte 136
Torta de inverno 137
Pão de leite condensado 139
Pão de liquidificador 140
Pão napolitano 140
Cuquinha gaúcha 141
Bolo pudim 142
Bolo rústico natalino 144
Pãezinhos de iogurte 145
Bolo felpudo 146
Bolo rosca 147
Bolo derramado 149
Cuca romeu e julieta 149
Cuca de bergamota 151
Focaccia de frango 152

Sobremesas
Surpresa de banana 157
Marshmallow ao forno do Alarico 158
Bolacha gigante do Alarico 159
Torta Linda 160
Pecado imortal 161
Pavê preto e branco 162
Sorvetão 163
Torta crocante 164
Torta magnífica 165
Revirado de banana 166
Arroz de leite português 168
Pudim flan 168
Ovos moles 169
Torta de laranja 170
Torta de marido 171
Gelatina recheada 172
Ambrosia de luxo 173
Torta gelada de bombons 173
Surpresa de goiabada 175

Pudim de iogurte 175
Torta de mãe 176
Torta crespa 177
Brownie do Alarico 178
Torta brigadeiro 180
Torta vintage 180
Torta espelhada 182
Torta churro 183
Pavê natalino 184
Doce da virada 185
Crepe de laranja com creme de avelã 186
Crepe de coco e doce de leite 187
Crepe de chocolate com morango 187
Torta de banana com doce de leite 188
Surpresa de chocolate 189
Arroz de leite da Lindinha 190
Torta gelada de abacaxi 191
Quindim do Anonymus 192
Apfelstrudel 193

Diversos
Pé de moleque 197
Queijadinha 197
Purê de batata-doce com laranja 198
Ovos mexicanos 198
Salada empacotada 199
Cachorro-quente desfiado 201
Café gelado 201
Mil folhas 201
Enfeite de natal comestível 202
Frutas agridoces 203
Farofa flocada 203
Rabanada de luxo 204
Torta fria tropical 204
Polenta do Harry's Bar (Veneza) 205
Sanduíche quente de verão 206

Suco refrescante	207
Pão de mel	207
Molho putanesca	208
Molho bechamel	208
Molho ao sugo	209
Cachorrinho de festa	209
Rapadurinha de corte	210
Torta de pão à calabresa	211
Cachorrinho de madame	212
Torta da vovó	213
Torta de praia	214
Batatas ao forno	216
Salada carnaval	216
Moranga caramelada	217
Torta de sardinha	217
Torta rústica de batata-doce com carne-seca	218
Croquete na pressão	220
Torta gratinada de frango	221
Molho branco	221
Torta de linguiça	222
Torta de atum	223
Rabanada com raspas de laranja	224
Salada empacotada com iogurte	224
Iogurte natural caseiro	225
Escondidinho de frango	226
Castelo de sardinhas	228
Torta de fogão	229

Coleção **L&PM** POCKET (LANÇAMENTOS MAIS RECENTES)

1128. **Bidu: Hora do banho** – Mauricio de Sousa
1129. **O melhor do Macanudo Taurino** – Santiago
1130. **Radicci 30 anos** – Iotti
1131. **Show de sabores** – J.A. Pinheiro Machado
1132. **O prazer das palavras** – vol. 3 – Cláudio Moreno
1133. **Morte na praia** – Agatha Christie
1134. **O fardo** – Agatha Christie
1135. **Manifesto do Partido Comunista (Mangá)** – Marx & Engels
1136. **A metamorfose (Mangá)** – Franz Kafka
1137. **Por que você não se casou... ainda** – Tracy McMillan
1138. **Textos autobiográficos** – Bukowski
1139. **A importância de ser prudente** – Oscar Wilde
1140. **Sobre a vontade na natureza** – Arthur Schopenhauer
1141. **Dilbert (8)** – Scott Adams
1142. **Entre dois amores** – Agatha Christie
1143. **Cipreste triste** – Agatha Christie
1144. **Alguém viu uma assombração?** – Mauricio de Sousa
1145. **Mandela** – Elleke Boehmer
1146. **Retrato do artista quando jovem** – James Joyce
1147. **Zadig ou o destino** – Voltaire
1148. **O contrato social (Mangá)** – J.-J. Rousseau
1149. **Garfield fenomenal** – Jim Davis
1150. **A queda da América** – Allen Ginsberg
1151. **Música na noite & outros ensaios** – Aldous Huxley
1152. **Poesias inéditas & Poemas dramáticos** – Fernando Pessoa
1153. **Peanuts: Felicidade é...** – Charles M. Schulz
1154. **Mate-me por favor** – Legs McNeil e Gillian McCain
1155. **Assassinato no Expresso Oriente** – Agatha Christie
1156. **Um punhado de centeio** – Agatha Christie
1157. **A interpretação dos sonhos (Mangá)** – Freud
1158. **Peanuts: Você não entende o sentido da vida** – Charles M. Schulz
1159. **A dinastia Rothschild** – Herbert R. Lottman
1160. **A Mansão Hollow** – Agatha Christie
1161. **Nas montanhas da loucura** – H.P. Lovecraft
1162. (28). **Napoleão Bonaparte** – Pascale Fautrier
1163. **Um corpo na biblioteca** – Agatha Christie
1164. **Inovação** – Mark Dodgson e David Gann
1165. **O que toda mulher deve saber sobre os homens: a afetividade masculina** – Walter Riso
1166. **O amor está no ar** – Mauricio de Sousa
1167. **Testemunha de acusação & outras histórias** – Agatha Christie
1168. **Etiqueta de bolso** – Celia Ribeiro
1169. **Poesia reunida (volume 3)** – Affonso Romano de Sant'Anna
1170. **Emma** – Jane Austen
1171. **Que seja em segredo** – Ana Miranda
1172. **Garfield sem apetite** – Jim Davis
1173. **Garfield: Foi mal...** – Jim Davis
1174. **Os irmãos Karamázov (Mangá)** – Dostoiévski
1175. **O Pequeno Príncipe** – Antoine de Saint-Exupéry
1176. **Peanuts: Ninguém mais tem o espírito aventureiro** – Charles M. Schulz
1177. **Assim falou Zaratustra** – Nietzsche
1178. **Morte no Nilo** – Agatha Christie
1179. **Ê, soneca boa** – Mauricio de Sousa
1180. **Garfield a todo o vapor** – Jim Davis
1181. **Em busca do tempo perdido (Mangá)** – Proust
1182. **Cai o pano: o último caso de Poirot** – Agatha Christie
1183. **Livro para colorir e relaxar** – Livro 1
1184. **Para colorir sem parar**
1185. **Os elefantes não esquecem** – Agatha Christie
1186. **Teoria da relatividade** – Albert Einstein
1187. **Compêndio da psicanálise** – Freud
1188. **Visões de Gerard** – Jack Kerouac
1189. **Fim de verão** – Mohiro Kitoh
1190. **Procurando diversão** – Mauricio de Sousa
1191. **E não sobrou nenhum e outras peças** – Agatha Christie
1192. **Ansiedade** – Daniel Freeman & Jason Freeman
1193. **Garfield: pausa para o almoço** – Jim Davis
1194. **Contos do dia e da noite** – Guy de Maupassant
1195. **O melhor de Hagar 7** – Dik Browne
1196. (29). **Lou Andreas-Salomé** – Dorian Astor
1197. (30). **Pasolini** – René de Ceccatty
1198. **O caso do Hotel Bertram** – Agatha Christie
1199. **Crônicas de motel** – Sam Shepard
1200. **Pequena filosofia da paz interior** – Catherine Rambert
1201. **Os sertões** – Euclides da Cunha
1202. **Treze à mesa** – Agatha Christie
1203. **Bíblia** – John Riches
1204. **Anjos** – David Albert Jones
1205. **As tirinhas do Guri de Uruguaiana 1** – Jair Kobe
1206. **Entre aspas (vol.1)** – Fernando Eichenberg
1207. **Escrita** – Andrew Robinson
1208. **O spleen de Paris: pequenos poemas em prosa** – Charles Baudelaire
1209. **Satíricon** – Petrônio
1210. **O avarento** – Molière
1211. **Queimando na água, afogando-se na chama** – Bukowski
1212. **Miscelânea septuagenária: contos e poemas** – Bukowski
1213. **Que filosofar é aprender a morrer e outros ensaios** – Montaigne
1214. **Da amizade e outros ensaios** – Montaigne
1215. **O medo à espreita e outras histórias** – H.P. Lovecraft

1216. **A obra de arte na era de sua reprodutibilidade técnica** – Walter Benjamin
1217. **Sobre a liberdade** – John Stuart Mill
1218. **O segredo de Chimneys** – Agatha Christie
1219. **Morte na rua Hickory** – Agatha Christie
1220. **Ulisses (Mangá)** – James Joyce
1221. **Ateísmo** – Julian Baggini
1222. **Os melhores contos de Katherine Mansfield** – Katherine Mansfied
1223. (31).**Martin Luther King** – Alain Foix
1224. **Millôr Definitivo: uma antologia de *A Bíblia do Caos*** – Millôr Fernandes
1225. **O Clube das Terças-Feiras e outras histórias** – Agatha Christie
1226. **Por que sou tão sábio** – Nietzsche
1227. **Sobre a mentira** – Platão
1228. **Sobre a leitura *seguido do* Depoimento de Céleste Albaret** – Proust
1229. **O homem do terno marrom** – Agatha Christie
1230. (32).**Jimi Hendrix** – Franck Médioni
1231. **Amor e amizade e outras histórias** – Jane Austen
1232. **Lady Susan, Os Watson e Sanditon** – Jane Austen
1233. **Uma breve história da ciência** – William Bynum
1234. **Macunaíma: o herói sem nenhum caráter** – Mário de Andrade
1235. **A máquina do tempo** – H.G. Wells
1236. **O homem invisível** – H.G. Wells
1237. **Os 36 estratagemas: manual secreto da arte da guerra** – Anônimo
1238. **A mina de ouro e outras histórias** – Agatha Christie
1239. **Pic** – Jack Kerouac
1240. **O habitante da escuridão e outros contos** – H.P. Lovecraft
1241. **O chamado de Cthulhu e outros contos** – H.P. Lovecraft
1242. **O melhor de Meu reino por um cavalo!** – Edição de Ivan Pinheiro Machado
1243. **A guerra dos mundos** – H.G. Wells
1244. **O caso da criada perfeita e outras histórias** – Agatha Christie
1245. **Morte por afogamento e outras histórias** – Agatha Christie
1246. **Assassinato no Comitê Central** – Manuel Vázquez Montalbán
1247. **O papai é pop** – Marcos Piangers
1248. **O papai é pop 2** – Marcos Piangers
1249. **A mamãe é rock** – Ana Cardoso
1250. **Paris boêmia** – Dan Franck
1251. **Paris libertária** – Dan Franck
1252. **Paris ocupada** – Dan Franck
1253. **Uma anedota infame** – Dostoiévski
1254. **O último dia de um condenado** – Victor Hugo
1255. **Nem só de caviar vive o homem** – J.M. Simmel
1256. **Amanhã é outro dia** – J.M. Simmel
1257. **Mulherzinhas** – Louisa May Alcott
1258. **Reforma Protestante** – Peter Marshall
1259. **História econômica global** – Robert C. Allen
1260. (33).**Che Guevara** – Alain Foix
1261. **Câncer** – Nicholas James
1262. **Akhenaton** – Agatha Christie
1263. **Aforismos para a sabedoria de vida** – Arthur Schopenhauer
1264. **Uma história do mundo** – David Coimbra
1265. **Ame e não sofra** – Walter Riso
1266. **Desapegue-se!** – Walter Riso
1267. **Os Sousa: Uma família do barulho** – Mauricio de Sousa
1268. **Nico Demo: O rei da travessura** – Mauricio de Sousa
1269. **Testemunha de acusação e outras peças** – Agatha Christie
1270. (34).**Dostoiévski** – Virgil Tanase
1271. **O melhor de Hagar 8** – Dik Browne
1272. **O melhor de Hagar 9** – Dik Browne
1273. **O melhor de Hagar 10** – Dik e Chris Browne
1274. **Considerações sobre o governo representativo** – John Stuart Mill
1275. **O homem Moisés e a religião monoteísta** – Freud
1276. **Inibição, sintoma e medo** – Freud
1277. **Além do princípio de prazer** – Freud
1278. **O direito de dizer não!** – Walter Riso
1279. **A arte de ser flexível** – Walter Riso
1280. **Casados e descasados** – August Strindberg
1281. **Da Terra à Lua** – Júlio Verne
1282. **Minhas galerias e meus pintores** – Kahnweiler
1283. **A arte do romance** – Virginia Woolf
1284. **Teatro completo v. 1: As aves da noite *seguido de* O visitante** – Hilda Hilst
1285. **Teatro completo v. 2: O verdugo *seguido de* A morte do patriarca** – Hilda Hilst
1286. **Teatro completo v. 3: O rato no muro *seguido de* Auto da barca de Camiri** – Hilda Hilst
1287. **Teatro completo v. 4: A empresa *seguido de* O novo sistema** – Hilda Hilst
1288. **Sapiens: Uma breve história da humanidade** – Yuval Noah Harari
1289. **Fora de mim** – Martha Medeiros
1290. **Divã** – Martha Medeiros
1291. **Sobre a genealogia da moral: um escrito polêmico** – Nietzsche
1292. **A consciência de Zeno** – Italo Svevo
1293. **Células-tronco** – Jonathan Slack
1294. **O fim do ciúme e outros contos** – Proust
1295. **A jangada** – Júlio Verne
1296. **A ilha do dr. Moreau** – H.G. Wells
1297. **Ninho de fidalgos** – Ivan Turguêniev
1298. **Jane Eyre** – Charlotte Brontë
1299. **Sobre gatos** – Bukowski
1300. **Sobre o amor** – Bukowski
1301. **Escrever para não enlouquecer** – Bukowski
1302. **222 receitas** – J. A. Pinheiro Machado

lepmeditores
www.lpm.com.br
o site que conta tudo

IMPRESSÃO:

PALLOTTI
GRÁFICA

Santa Maria - RS | Fone: (55) 3220.4500
www.graficapallotti.com.br